The LITTLE BLACK BOOK of CHORD SONGS

ISBN: 978-1-78305-766-5

EXCLUSIVELY DISTRIBUTED BY

For all works contained herein:
Unauthorized copying, arranging, adapting, recording, Internet posting, public performance,
or other distribution of the music in this publication is an infringement of copyright.
Infringers are liable under the law.

Visit Hal Leonard Online at
www.halleonard.com

Contact us:
Hal Leonard
7777 West Bluemound Road
Milwaukee, WI 53213
Email: info@halleonard.com

In Europe, contact:
Hal Leonard Europe Limited
42 Wigmore Street
Marylebone, London, W1U 2RY
Email: info@halleonardeurope.com

In Australia, contact:
Hal Leonard Australia Pty. Ltd.
4 Lentara Court
Cheltenham, Victoria, 3192 Australia
Email: info@halleonard.com.au

ACHY BREAKY HEART
BILLY RAY CYRUS...10
AIN'T TOO PROUD TO BEG
THE TEMPTATIONS...12
ANIMAL
MIIKE SNOW...14
ATMOSPHERE
JOY DIVISION...16
BEST FRIEND
THE DRUMS...18
BEST SONG EVER
ONE DIRECTION...20
BLUE JEANS
LANA DEL REY...22
A BOY NAMED SUE
JOHNNY CASH...24
BREATHLESS
NICK CAVE & THE BAD SEEDS...7
BRIMFUL OF ASHA
CORNERSHOP...28
CALLING ELVIS
DIRE STRAITS...34
CANNONBALL
THE BREEDERS...36
CAN'T YOU HEAR MY HEARTBEAT
MARIANNE FAITHFULL...38
CAROLINE
STATUS QUO...31
COMMON PEOPLE
PULP...40
COZ I LUV YOU
SLADE...46
CRASH
THE PRIMITIVES...48
DANCING WITH MYSELF
BILLY IDOL...50
DAYDREAMER
ADELE...54
DESIRE
U2...56
DOG DAYS ARE OVER
FLORENCE & THE MACHINE...43
FEEL GOOD HIT OF THE SUMMER
QUEENS OF THE STONE AGE...58
THE FIRST CUT IS THE DEEPEST
ROD STEWART...60
GERALDINE
GLASVEGAS...62
GET IT ON
T. REX...64
A GIRL LIKE YOU
EDWYN COLLINS...72
GLORIA
THEM...74

HAPPY JACK
THE WHO...76
HERE COMES THE NIGHT
DAVID BOWIE...78
HOT HOT HOT
ARROW...80
I AM A MAN OF CONSTANT SORROW
SOGGY BOTTOM BOYS...82
I LOVE ROCK 'N' ROLL
JOAN JETT & THE BLACKHEARTS...84
I LOVE THE SOUND OF BREAKING GLASS
NICK LOWE...86
IF I WERE A CARPENTER
BOBBY DARIN...88
IN THE AIR TONIGHT
PHIL COLLINS...90
JOLENE
DOLLY PARTON...92
JUST MY IMAGINATION
THE TEMPTATIONS...94
THE KING OF CARROT FLOWERS (PART 1)
NEUTRAL MILK HOTEL...70
LDN
LILY ALLEN...96
LILY THE PINK
SCAFFOLD...67
LITTLE STAR
STINA NORDENSTAM...100
LONG TALL SALLY
LITTLE RICHARD...102
LOUIE, LOUIE
THE KINGSMEN...104
LOVE ME DO
THE BEATLES...99
LUMBERJACK SONG
MONTY PYTHON...106
MUSTANG SALLY
WILSON PICKETT...112
NO DEPRESSION
UNCLE TUPELO...114
NOT FADE AWAY
BUDDY HOLLY...116
ON THE ROAD AGAIN
CANNED HEAT...118
ONE BOURBON, ONE SCOTCH, ONE BEER
JOHN LEE HOOKER...120
ONE IN TEN
UB40...109
PAPER PLANES
M.I.A....122
PRETTY FLAMINGO
MANFRED MANN...124
REAL WILD CHILD (WILD ONE)
IGGY POP...126

RHIANNON
FLEETWOOD MAC…129
RISE
GABRIELLE…132
RIVERS OF BABYLON
BONEY M…134
ROSCOE
MIDLAKE…135
SEASON OF THE WITCH
DONOVAN…138
SEX ON FIRE
KINGS OF LEON…144
SHAKIN' ALL OVER
JOHNNY KIDD & THE PIRATES…146
SHE MOVED THROUGH THE FAIR
TRADITIONAL…148
SHE SAID
PLAN B…149
SHELTER FROM THE STORM
BOB DYLAN…152
SIT DOWN
JAMES…156
SUMMERTIME BLUES
EDDIE COCHRAN…141
SURFIN' U.S.A.
THE BEACH BOYS…158
THAT'S NOT MY NAME
THE TING TINGS…160
THESE BOOTS ARE MADE FOR WALKING
NANCY SINATRA…166
THIS OLE HOUSE
SHAKIN' STEVENS…168
THREE LITTLE BIRDS
BOB MARLEY…170
TO OHIO
THE LOW ANTHEM…172
TWO TICKETS TO PARADISE
EDDIE MONEY…174
UNDERWATER LOVE
SMOKE CITY…163
WAY DOWN IN THE HOLE
TOM WAITS…176
WEREWOLVES OF LONDON
WARREN ZEVON…182
WHOLE LOTTA SHAKIN' GOIN' ON
JERRY LEE LEWIS…184
WIRE TO WIRE
RAZORLIGHT…186
WOKE UP THIS MORNING
ALABAMA 3…179
YAKETY YAK
THE COASTERS…188
(YOUR LOVE KEEPS LIFTING ME) HIGHER AND HIGHER
JACKIE WILSON…190

PLAYING GUIDE…6

Relative Tuning

The guitar can be tuned with the aid of pitch pipes or dedicated electronic guitar tuners which are available through your local music dealer. If you do not have a tuning device, you can use relative tuning. Estimate the pitch of the 6th string as near as possible to E or at least a comfortable pitch (not too high, as you might break other strings in tuning up). Then, while checking the various positions on the diagram, place a finger from your left hand on the:

5th fret of the E or 6th string and **tune the open A** (or 5th string) to the note (A)

5th fret of the A or 5th string and **tune the open D** (or 4th string) to the note (D)

5th fret of the D or 4th string and **tune the open G** (or 3rd string) to the note (G)

4th fret of the G or 3rd string and **tune the open B** (or 2nd string) to the note (B)

5th fret of the B or 2nd string and **tune the open E** (or 1st string) to the note (E)

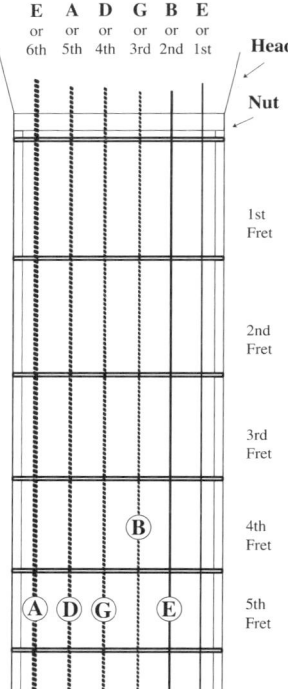

Reading Chord Boxes

Chord boxes are diagrams of the guitar neck viewed head upwards, face on as illustrated. The top horizontal line is the nut, unless a higher fret number is indicated, the others are the frets.

The vertical lines are the strings, starting from E (or 6th) on the left to E (or 1st) on the right.

The black dots indicate where to place your fingers.

Strings marked with an O are played open, not fretted. Strings marked with an X should not be played.

The curved bracket indicates a 'barre' - hold down the strings under the bracket with your first finger, using your other fingers to fret the remaining notes.

N.C. = No Chord.

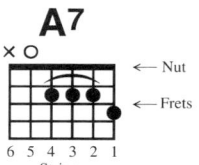

Breathless

Words & Music by Nick Cave

Intro

C	G	C	G
F	G	C	G
C	G	F	G

Verse 1

```
     C            G                      C
It's up in the morning it's on the downs
                        G                   F
And little white clouds like gambolling lambs
          G            C
And I am breathless over you
                          G               C
And the red-breasted robin beats his wings
                G             F
His throat it trembles when he sings
       G              C
For he is helpless before you
                          G
And the happy hooded bluebells bow
          C         G              F
And they bend their heads all a-down
        G              C
Heavied by the early morning dew
                         G                    C
At the whispering stream, at the bubbling brook
              G            F
The fishes leap up to take a look
        G              C
For they are breathless over you
```

© Copyright 2004 Mute Song Ltd.
All Rights Reserved. International Copyright Secured.

cont.

     G
Still your hands
      C
And still your heart
        G   **F**
For still your face comes shining through
      G   **C**
And all the morning glows a - new
     G
Still your mind
    C
Still your soul
        G   **F**
For still, the fire of love is true
    G   **(C)**
And I am breathless without you

Instrumental |C |F G |C |F G ‖

Verse 2

  C   **G**
The wind circles a - mong the trees
    C   **G**   **F**
And it bangs about the new-made leaves
  G   **C**
For it is breathless without you
          G
And the fox chases the rabbit round
    C   **G**   **F**
And the rabbit hides be - neath the ground
  G   **C**
For he is defenceless without you
        G
The sky of day - time dies away
  C   **G**   **F**
And all the earthly things they stop to play
  G   **C**
For we are all breathless without you
     G
I listen to my juddering bones
    C   **G**   **F**
And the blood in my veins, the wind in my lungs
  G   **C**
And I am breathless without you

cont.   **G**
Still your hands
      C
And still your heart
     G   **F**
For still your face comes shining through
      G   **C**
And all the morning glows a - new
  G
Still your soul
C
Still your mind
      G   **F**
For still, the fire of love is true
    G   **F**   **C**
And I am breathless without you

Achy Breaky Heart

Words & Music by Donald Von Tress

| A | E | E7 |

Intro | A | A | A | A ‖

Verse 1
A
You can tell the world you never was my girl,
E
You can burn my clothes up when I'm gone,

Or you can tell your friends just what a fool I've been,
A
And laugh and joke about me on the phone.

You can tell my arms go back to the farm,
E
Or you can tell my feet to hit the floor,

Or you can tell my lips to tell my fingertips,
A
They won't be reaching out for you no more.

Chorus 1
A
But don't tell my heart, my achy breaky heart,
E
I just don't think he'd understand.

And if you tell my heart, my achy breaky heart,
A
He might blow up and kill this man.

Instrumental 1 | A | A | A | E |
                 | E | E | E | A ‖

Verse 2   **A**
You can tell your Ma I moved to Arkansas,

                             E7
Or you can tell your dog to bite my leg.

Or tell your brother Cliff whose fist can tell my lip,

                  A
He never really liked me anyway.

Or tell your Aunt Louise, tell anything you please,

                     E
Myself already knows I'm not O.K.

Or you can tell my eyes to watch out for my mind,

                      A
It might be walkin' out on me today.

Chorus 2   As Chorus 1

Instrumental 2 | A | A | A | E |
                          | E | E | E | A   ‖

Chorus 3   As Chorus 1

Chorus 4   **N.C.**
Don't tell my heart, my achy breaky heart,

I just don't think he'd understand.

And if you tell my heart, my achy breaky heart,

He might blow up and kill this man.

Outro   ‖: A | A | A | E |
              | E | E | E | A   :‖

Ain't Too Proud To Beg

Words & Music by Eddie Holland & Norman Whitfield

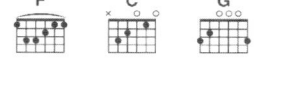

Verse 1
N.C.
I know you wanna leave me,
F   C
  But I re - fuse to let you go.
F   C
  If I have to beg and plead for your sympathy,
F   C
  I don't mind 'cause you mean that much to me.

Chorus 1
F   C   F   C
Ain't too proud to beg, sweet darling,
F   C   F   C
Please don't leave me girl, don't you go.
F   C   F   C
Ain't to proud to plead, baby, baby,
F   C   F   C
Please don't leave me, girl, don't you go.

Verse 2
F   C
Now I heard a crying man,

Is half a man with no sense of pride.

But if I have to cry to keep you,

                               (G)
I don't mind weeping if it'll keep you by my side.

Chorus 2
G   C   F   C
  Ain't too proud to beg, sweet darling,
F   C   F   C
Please don't leave me girl, don't you go.
F   C   F   C
Ain't to proud to plead, baby, baby,
F   C   F   C
Please don't leave me, girl, don't you go.

© Copyright 1966 (Renewed 1994) Jobete Music Co., Inc.
All Rights Controlled and Administered by EMI Blackwood Music Inc. on behalf of Stone Agate Music
(A Division of Jobete Music Co., Inc.)
All Rights Reserved. International Copyright Secured.
Used by Permission.

Verse 3

    F   **C**
If I have to sleep on your doorstep

All night and day just to keep you from walking away.

Let your friends laugh, even this I can stand

                 G
'Cause I want to keep you any way I can.

Chorus 3

G   **C**   **F**   **C**
Ain't too proud to beg, sweet darling,
F   **C**   **F**   **C**
Please don't leave me girl, don't you go.
F   **C**   **F**   **C**
Ain't to proud to plead, baby, baby,
F   **C**   **F**   **G**
Please don't leave me, girl, don't you go.

Instrumental | C F | C F | C F | C F |
                         | C F | C F | C F | G |

Verse 4

(G)   **C**
Now, I've gotta love so deep in the pit of my heart

And each day it grows more and more.

I'm not ashamed to come and plead to you baby,

                 G
If pleading keeps you from walking out that door.

Chorus 4

  C   **F**   **C**
‖: Ain't too proud to beg, sweet darling,
F   **C**   **F**   **C**
Please don't leave me girl, don't you go.
F   **C**   **F**   **C**
Ain't to proud to plead, baby, baby,
F   **C**   **F**   **G**
Please don't leave me, girl, don't you go. :‖ *Repeat ad lib. to fade*

Animal

Words & Music by Christian Karlsson, Pontus Winnberg,
Henrik Jonback & Andrew Wyatt

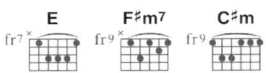

Intro ‖: E | F♯m7 | C♯m | C♯m :‖

Verse 1
    E   F♯m7
There was a time when my world was filled with
    C♯m
Da - rkness, darkness darkness.
    E   F♯m7
Then I stopped dreaming, now I'm supposed to fill it up with
    C♯m
So - mething, something, something.
    E   F♯m7   C♯m
  In your eyes I see the eyes of somebody I knew be - fore,

Long long, long ago.
    E   F♯m7
  But I'm still trying to make my mind up,
    C♯m
  Am I free or am I tied up?

Chorus 1
    E   F♯m7
I change shapes just to hide in this place,
      C♯m
But I'm still, I'm still an animal.
    E   F♯m7
Nobody knows it but me when I slip,
      C♯m
Yeah I slip, I'm still an animal.

© 2009 Downtown DMP Songs/Universal Music Publishing AB/Murlyn Songs AB.
Universal Music Publishing Limited/Sony/ATV Music Publishing/BMG Rights Management (UK) Limited.
All Rights Reserved. International Copyright Secured.

Verse 2
     E   **F♯m7**
There is a hole and I tried to fill it up with
    C♯m
Mo - ney, money, money.
E   **F♯m7**
But it gets bigger till your horse is always
    C♯m
Run - ning, running, running.
E   **F♯m7**   **C♯m**
In your eyes I see the eyes of somebody who could be strong,

Tell me if I'm wrong.
E   **F♯m7**
And now I'm pulling your dis - guise up.
C♯m
Are you free or are you tied up?

Chorus 2
E   **F♯m7**
I change shapes just to hide in this place,
      C♯m
But I'm still, I'm still an animal.
E   **F♯m7**
Nobody knows it but me when I slip,
   C♯m
Yeah I slip, I'm still an animal.
E   **F♯m7**
I change shapes just to hide in this place,
      C♯m
But I'm still, I'm still an animal.
E   **F♯m7**
Nobody knows it but me when I slip,
   C♯m
Yeah I slip, I'm still an animal.

Link 1   ‖: **E** | **F♯m7** | **C♯m** | **C♯m** :‖

Instrumental ‖: **E** | **F♯m7** | **C♯m** | **C♯m** :‖ *Play 6 times*

Chorus 3   As Chorus 2

Outro   ‖: **E** | **F♯m7** | **C♯m** | **C♯m** :‖ *Play 4 times*

Atmosphere

Words & Music by Ian Curtis, Peter Hook, Bernard Sumner & Stephen Morris

Intro ‖: C | F :‖ *Play 5 times*

Verse 1
C   F
Walk in silence,
        C   F
Don't walk away, in silence.
     C
See the danger,
F
Always danger,
    C
Endless talking,
F
Life re - building.
       C   F
Don't walk a-way.

Link 1 | G | G | F | F |
‖: C | F :‖

Verse 2
C   F
Walk in silence
        C   F
Don't turn away, in silence.
   C
Your confusion,
F
My illusion
        C
Worn like a mask of self-hate
F
Confronts and then dies,
     C   F G F
Don't walk away.

© Copyright 1984 Universal Music Publishing Limited.
All Rights Reserved. International Copyright Secured.

Link 2   ‖: C | F   :‖

Verse 3
      C   F
People like you find it easy,
        C   F
Naked to see, walking on air.
C
  Hunting by the rivers
                   F
Through the streets, ever corner.
      C
Abandoned too soon,
      F
Set down with due care.
        C   F
Don't walk away, in si - lence,
     C   F
Don't walk away.

Outro   ‖: C |˙F   :‖ *Play 5 times*
             | C͡ |

Best Friend

Words & Music by Jonny Pierce & Jacob Graham

Intro ‖: C | F | C | F G :‖

Verse 1
```
       C                      F              C
   You're my best friend,    but then you died
           F                 G                 C
   When I was twenty three and you were twenty five.
             F                  C    F
   You're my best friend, but then you died,
       G              C             F              C F
   And how will I sur - vive, survive, sur - vive, survive?
       G             C              F             C F G
   Oh, how will I sur - vive, survive, sur - vive, survive?
```

Chorus 1
```
   (G)      C            F
   And every day I waited for you,
            C          F         G
   And every day on the top of your car.
         C            F
   Every day I waited for you,
            C         F         G
   And every day on the hood of your car.
```

Link 1
```
   C F C F   G
   Ah, ah, ah, ah, ho, oh.
   C F C F   G
   Ah, ah, ah, ah, ho, oh.
```

Link 2
```
   C   F    C     F G
   Ho, ho, ho,  oh, ho,  ho.
   C   F    C     F G
   Ho, ho, ho,  oh, ho,  oh.
```

Verse 2
    C   F   C
I had a dream of you,   you were drifting a - way,
     F   G   C
You were sad, you always would drift a - way.
     F   C
And I know you're going to be o - kay,
F   G   C   F   C
'Cause I can see it in your eyes, your eyes, your eyes, your eyes,
F   G   C   F   C F G
And I know I wanna sur - vive, survive, sur - vive, survive.

Chorus 2   As Chorus 1

Link 3   As Link 1

Instrumental ‖: C | F | C | F G :‖

Link 4   As Link 2

Chorus 3   As Chorus 1

Outro
C F C F   G
Ah, ah, ah, ah, ho, oh.
C F C F   G
Ah, ah, ah, ah, ho, oh.
C F C F   G
Ah, ah, ah, ah, ho, oh.
C F C F   G C
Ah, ah, ah, ah, ho, oh.

Best Song Ever

Words & Music by Wayne Hector, John Ryan,
Julian Bunetta & Edward Drewett

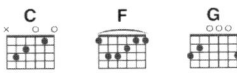

To match original recording, tune guitar up one semitone

Intro | C | C   ‖

‖: F   C | G | F   C | G   :‖

Verse 1
```
F              C G
Maybe it's the way she walked
F                  C   G
Straight into my heart and stole it,
F                  C  G
Through the doors and past the guards,
F              C    G
Just like she alrea - dy owned it.
       F                 C G
I said, "Can you give it back to me?"
          F                G
She said, "Never in your wildest dreams."
```

Chorus 1
```
N.C.  F               C    G
And we danced all night to the best song ever,
         F          C   G
We knew every line, now I can't remember
         F           C   G
How it goes, but I know that I won't forget her,
           F              C    G
'Cause we danced all night to the best song ever.
            F
I think it went, oh, oh, oh,
  C          G
I think it went, yeah, yeah, yeah,
            F  C G
I think it goes, oh.
```

© Copyright 2013 BMG Platinum Songs US/Holy Cannoli Music/
Music Of Big Deal/Bob Erotik Music/The Family Songbook.
Universal/MCA Music Limited/Warner/Chappell Music Publishing Limited/BMG Rights Management (US) LLC.
All Rights Reserved. International Copyright Secured.

Verse 2

    F   **C G**
Said her name was Georg - ia Rose,
   F   **C**   **G**
And her daddy was a den - tist.
F   **C G**
Said I had a dir - ty mouth,
F   **C G**
But she kissed me like she meant it.
      F   **C**   **G**
I said, "Can I take you home with me?"
      F   **G**
She said, "Never in your wildest dreams."

Chorus 2   As Chorus 1

Bridge

F   **C**   **G**
You know, I know, you know I'll remember you,
   F   **C**   **G**
And I know, you know, I know   you'll remember me,
   F   **C**   **G**
And you know, I know, you know   I'll remember you,
   F   **C**   **G**   **C G**
And I know, you know, I hope you'll remember how we danced,
      F   **C G**
How we danced.

Chorus 3

  (G)   **F**   **C**   **G**
𝄆 How we danced all night to the best song ever.
        F   **C**   **G**
We knew every line, now I can't remember
      F   **C**   **G**
How it goes, but I know that I won't forget her,
           F   **C**   **G**
'Cause we danced all night to the best song ever. 𝄇
           F
I think it went, oh, oh, oh
 C   **G**
I think it went, yeah, yeah, yeah
           F   **C G**
I think it goes, oh.

Outro

F   **C G**
Best song ever,
       F   **C G**
𝄆 It was the best song ever.   𝄇 *Repeat to fade*

Blue Jeans

Words & Music by Emile Haynie, Elizabeth Grant & Daniel Heath

Intro | Fm | E♭ | B♭ | B♭ ||

Verse 1
    Fm   E♭
    Blue jeans,   white shirt
B♭
Walked into the room you know you made my eyes burn.
       Fm   E♭
It was like, James Dean,   for sure,
B♭
You're so fresh to death and sick as ca-cancer.
Fm   E♭
You were sort of punk rock, I grew up on hip hop,
    B♭
But you fit me better than my favourite sweater, and I know
Fm   E♭
   That love is mean,   and love hurts,
   B♭
But I still remember that day we met in December, oh baby.

Chorus 1
    Fm   E♭   B♭
    I will love you till the end of time,
                   Fm
I would wait a million years.
            E♭   B♭
Promise you'll re - member that you're mine,
                    Fm
Baby, can you see through the tears?
        E♭
Love you more   than those bitches before,
B♭   Fm
Say you'll remember, (oh baby) say you'll remember, (oh baby, hoo)
          E♭   B♭
I will love you till the end of time.

© Copyright 2010 EMI Music Publishing Germany GmbH/
Universal Music Corporation/Songs Of SMP/Heavycrate Publishing.
Universal/MCA Music Limited/EMI Music Publishing Ltd/Songs Music Publishing LLC.
All Rights Reserved. International Copyright Secured.

Verse 2
      Fm   **E♭**
   Big dreams, gangster,
B♭
Said you had to leave to start your life over.
    Fm   **E♭**
I was like, "No please,   stay here,
B♭
We don't need no money, we can make it all work."
    Fm   **E♭**
But he headed out on Sunday, said he'd come home Monday,
B♭
I stayed up waitin', anticipatin', and pacin',
      Fm   **E♭**
But he was chasing paper.
B♭
"Caught up in the game." - that was the last I heard.

Chorus 2   As Chorus 1

Bridge
Fm
   You went out every night and baby that's all right,
                                                 E♭
I told you that no matter what you did I'd be by your side.

'Cause I'mma ride or die whether you fail or fly,

Well shit, at least you tried.
                    Fm
But when you walked out that door, a piece of me died,

I told you I wanted more, but that's not what I had in mind.
                E♭
I just want it like be - fore.

We were dancing all night, then they took you away,
                                       N.C.
Stole you out of my life, you just need to re - member…

Chorus 3   As Chorus 1

A Boy Named Sue

Words & Music by Shel Silverstein

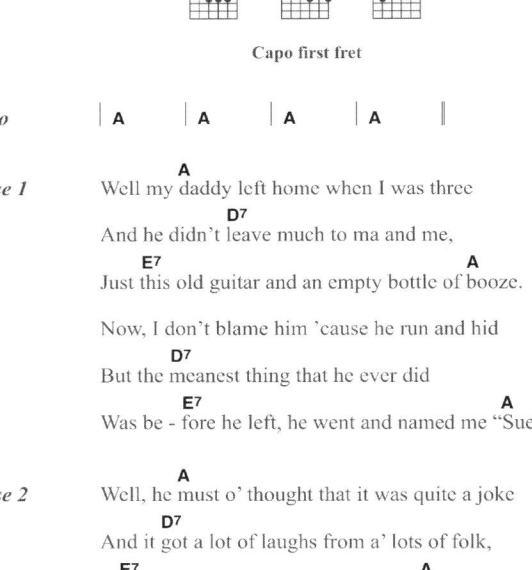

Capo first fret

Intro | A | A | A | A ||

Verse 1
    A
Well my daddy left home when I was three
       D7
And he didn't leave much to ma and me,
 E7   **A**
Just this old guitar and an empty bottle of booze.

Now, I don't blame him 'cause he run and hid
 D7
But the meanest thing that he ever did
  E7   **A**
Was be - fore he left, he went and named me "Sue."

Verse 2
    A
Well, he must o' thought that it was quite a joke
   D7
And it got a lot of laughs from a' lots of folk,
 E7   **A**
It seems I had to fight my whole life through.

Some gal would giggle and I'd get red
 D7
And some guy'd laugh and I'd bust his head,
 E7   **A**
I tell ya, life ain't easy for a boy named "Sue."

© Copyright 1969 Evil Eye Music Incorporated, USA.
TRO Essex Music Limited.
All Rights Reserved. International Copyright Secured.

Verse 3

     A
Well, I grew up quick, and I grew up mean,
  D7
My fist got hard and my wits got keen,
  E7   **A**
I'd roam from town to town to hide my shame.

But I made me a vow to the moon and stars
  D7
That I'd search the honky-tonks and bars
E7   **A**
  And kill that man that gave me that awful name.

Verse 4

    A
Well, it was Gatlinburg in mid-July
   D7
And I just hit town and my throat was dry,
E7   **A**
 I thought I'd stop and have myself a brew.

At an old saloon on a street of mud,
D7
There at a table, dealing stud,
E7   **A**
Sat the dirty, mangy dog that named me "Sue."

Verse 5

   A
Well, I knew that snake was my own sweet dad
   D7
From a worn-out picture that my mother'd had,
  E7   **A**
And I knew that scar on his cheek and his evil eye.

He was big and bent and grey and old,
  D7
And I looked at him and my blood ran cold
  E7   **A**
And I said: "My name is Sue! How do you do!

Now you gonna die!"

Yeah, that's what I told him!

Verse 6
    A
Well, I hit him hard right between the eyes
D7
And he went down, but to my surprise,
E7   **A**
He come up with a knife and cut off a piece of my ear.

But I busted a chair right across his teeth
D7
And we crashed through the wall and into the street
E7   **A**
Kicking and a' gouging in the mud and the blood and the beer.

Verse 7
  A
I tell ya, I've fought tougher men
D7
But I really can't remember when,
E7   **A**
He kicked like a mule and he bit like a croco - dile.

I heard him laugh and then I heard him cuss,
D7
   He went for his gun and I pulled mine first,
E7   **A**
He stood there lookin' at me and I saw him smile.

Verse 8
    A
And he said: "Son, this world is rough
D7
And if a man's gonna make it, he's gotta be tough
E7   **A**
And I knew I wouldn't be there to help you a - long.

So I give you that name and I said goodbye
D7
I knew you'd have to get tough or die
E7   **A**
And it's the name that helped to make you strong." Yeah.

Verse 9
    A
He said: "Now you just fought one hell of a fight
    D⁷
And I know you hate me, and you got the right
E⁷   **A**
To kill me now, and I wouldn't blame you if you do.

But you ought to thank me, before I die,
    D⁷
For the gravel in ya guts and the spit in ya eye
E⁷   **A**
Cause I'm the son-of-a-bitch that named you "Sue."

Verse 10
   A
Yeah what could I do, what could I do?
D⁷   **E⁷**
  I got all choked up and I threw down my gun
  D⁷
And I called him my pa, and he called me his son,
E⁷   **A**
And I come away with a different point of view.

And I think about him, now and then,
D⁷   **E⁷**
Every time I try and every time I win,
          N.C.
And if I ever have a son, I think I'm gonna name him

                   A
Bill or George! Anything damn thing but Sue! I still hate that name!

Brimful Of Asha

Words & Music by Tjinder Singh

A   E   D

Intro   ‖: A | E D | A | E D :‖

Verse 1
     A   E   D
There's dancing behind movie scenes,
        A   E   D
Behind the movie scenes Sadi Rani,
A   E   D
She's the one that keeps the dream alive,
    A   D
From the morning past the evening,
 A
To the end of the light.

Chorus 1
(A)   E   D
Brimful of Asha on the forty-five,
        A   E   D
Well, it's a brimful of Asha on the forty-five.
A   E   D
Brimful of Asha on the forty-five,
       A   E   D
Well, it's a brimful of Asha on the forty-five.

Link 1   ‖: A | E D | A | E D :‖

Verse 2
   A   E   D
And singing, illuminate the main streets,
    A   E   D
And the cinema aisles,
A   E   D
We don't care about no government warnings,
     A   D
'Bout their promotion of the simple life,
 A
And the dams they're building.

© Copyright 1997 Universal Music Publishing Limited.
All Rights Reserved. International Copyright Secured.

Chorus 2   As Chorus 1

Bridge 1

   A   **D**
Everybody needs a bosom for a pillow,
   A   **D**
Everybody needs a bosom.
   A   **D**
Everybody needs a bosom for a pillow,
   A   **D**
Everybody needs a bosom.
   A   **D**
Everybody needs a bosom for a pillow,
   A   **D**
Everybody needs a bosom.

Mine's on the forty-(five.)

Link 2   ‖: **A** | **E** **D** | **A** | **E** **D** :‖
  five.

Verse 3
   A   **E** **D**
Mohamid Rufi. (Forty-five.)
   A   **E** **D**
Lata Mangeskar. (Forty-five.)
   A   **E** **D**
Solid state radio. (Forty-five.)
   A   **E** **D**
Ferguson mono. (Forty-five.)
   A   **E** **D**
Bon Publeek. (Forty-five.)
   A   **D**
Jacques Dutronc and the Bolan Boogie,
      A   **D**
The Heavy Hitters and the chi-chi music,
   A   **E** **D**
All India Radio. (Forty-five.)
   A   **E** **D**
Two-in-ones. (Forty-five.)
   A   **E** **D**
Argo records. (Forty-five.)
   A   **E** **D**
Trojan records. (Forty-five.)

	A E D
Chorus 3	Brimful of Asha on the forty-five,

Chorus 3
    A   **E** **D**
Brimful of Asha on the forty-five,
          A   **E** **D**
Well it's a brimful of Asha on the forty-five.
A   **E** **D**
Brimful of Asha on the forty-five,
          A   **E** **D**
Well it's a brimful of Asha on the forty-five.

Bridge 2
A   **D**
Everybody needs a bosom for a pillow,
A   **D**
Everybody needs a bosom.
A   **D**
Everybody needs a bosom for a pillow,
A   **D**
Everybody needs a bosom.
A   **D**
Everybody needs a bosom for a pillow,
A   **D**
Everybody needs a bosom.

Mine's on the forty-(five.).

Link 3 ‖: **A** | **E D** | **A** | **E D** :‖
    five.

Verse 4
A   **E** **D**
Seventy-seven thousand piece orchestra set.
A
Everybody needs a bosom for a pillow,
E   **D**
Mine's on the r.p.m.

Chorus 4   As Chorus 3

Bridge 3   ‖: As Bridge 2 :‖ *Repeat to fade*

Caroline

Words & Music by Robert Young & Francis Rossi

F7   B♭7   C7

Intro

||: F7 | F7 | F7 | F7 :|| *Play 4 times*

| B♭7 | B♭7 | F7 | F7 |

| C7 | B♭7 | F7 | F7 |

| F7 | F7 | F7 | F7 |

Verse 1

    F7
If you want to turn me onto
B♭7
Anything you really want to
    F7   C7   F7   C7
Turn me onto your love, your love.
  F7
If the night-time is the right time
B♭7
Anytime of yours is my time,
    F7   C7   F7   C7
We can find time for love sweet love.

Chorus 1

F7
Come on sweet Caroline,

You're my sweet Caroline,
  B♭7
You know I want to take you,

I've really got to make you,
F7
Come on sweet Caroline
C7   B♭7   F7 C7
Take my hand and together we can rock 'n' roll.

© Copyright 1973 Valley Music Limited.
BMG Rights Management (UK) Limited, a BMG Chrysalis company.
All Rights Reserved. International Copyright Secured.

Verse 2
      F7
When I'm thinking of you sleeping
B♭7
I'm at home alone and weeping
     F7   **C7**   **F7**   **C7**
Are you keeping your love sweet love.
    F7
Do you still care when I'm not there
B♭7
Do you really wish I was there
   F7   **C7**   **F7**   **C7**
Can I come there for love sweet love.

F7
Chorus 2 Come on sweet Caroline,

You're my sweet Caroline,
  B♭7
You know I want to take you,

I've really got to make you,
F7
Come on sweet Caroline
C7   **B♭7**   **F7** **C7**
Take my hand and together we can rock 'n' roll.

Instrumental | **F7** | **F7** | **F7** | **F7** |
                          | **B♭7** | **B♭7** | **F7** | **F7** |
                          | **C7** | **B♭7** | **F7** | **F7** |
                          | **F7** | **F7** | **F7** | **F7** |

F7
Verse 3 If you want to turn me onto
B♭7
Anything you really want to
     F7   **C7**   **F7**   **C7**
Turn me onto your love, sweet love.

Chorus 3

    F7
Come on sweet Caroline,

You're my sweet Caroline,
  Bb7
You know I want to take you,

I've really got to make you,
F7
Come on sweet Caroline
C7   Bb7   F7
Take my hand and together we can rock 'n' roll.

Outro ‖: F7 | F7 | F7 | F7 |

| Bb7 | Bb7 | F7 | F7 |

| C7 | Bb7 | F7 | F7 :‖ *Repeat to fade*

Calling Elvis

Words & Music by Mark Knopfler

Chords: B, E7, F#

Intro ‖: B | B | B | B :‖

Chorus 1
        B
Calling Elvis – is anybody home

Calling Elvis – I'm here all alone

Did he leave the building

Or can he come to the phone

Calling Elvis – I'm here all alone

Verse 1
        E7
Well tell him I was calling just to wish him well

Let me leave my number – heartbreak hotel

Oh love me tender – baby don't be cruel

        F#
Return to sender – treat me like a fool

Chorus 2
        B
Calling Elvis – is anybody home

Calling Elvis – I'm here all alone

Did he leave the building

Can he come to the phone

Calling Elvis – I'm here all alone

© Copyright 1991 Straitjacket Songs Limited.
Universal Music Publishing Limited.
All Rights Reserved. International Copyright Secured.

Solo 1	‖: B	| B	| B	| B	:‖

Chorus 3

        B
Why don't you go get him – I'm his biggest fan

You gotta tell him – he's still the man

Long distance baby – so far from home

Don't you think maybe you could put him on

Verse 2

        E⁷
Well tell him I was calling just to wish him well

Let me leave my number – heartbreak hotel

Oh love me tender – baby don't be cruel

                F♯
Return to sender – treat me like a fool

Chorus 4

  B
Calling Elvis – is anybody home

Calling Elvis – I'm here all alone

Did he leave the building

Can he come to the phone

Calling Elvis – I'm here all alone

Solo 2	| N.C.	| N.C.	|		
	‖: B	| B	| B	| B	:‖ *Play three times*

Chorus 5   As Chorus 4

Coda	‖: B	| B	| B	| B	:‖ *Repeat to fade*

Cannonball

Words & Music by Kim Deal

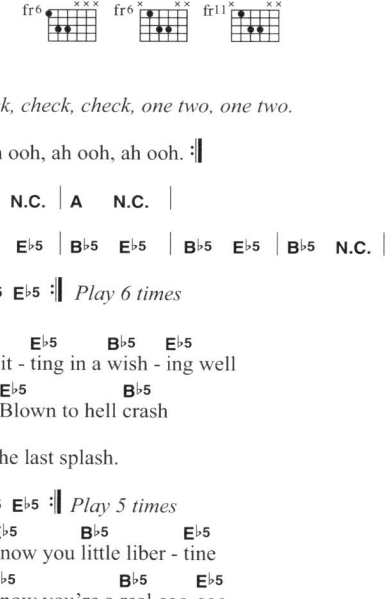

	N.C.
Intro	Check, check, check, one two, one two.

‖: Ah ooh, ah ooh, ah ooh. :‖

(Bass guitar) | A   N.C. | A   N.C. |

| B♭5   E♭5 | B♭5   E♭5 | B♭5   E♭5 | B♭5   N.C. |

(Guitar) ‖: B♭5 E♭5 :‖ *Play 6 times*

Verse 1

B♭5   E♭5   B♭5   E♭5
   Spit - ting in a wish - ing well
B♭5 E♭5   B♭5
   Blown to hell crash
N.C.
I'm the last splash.

‖: B♭5 E♭5 :‖ *Play 5 times*

B♭5 E♭5   B♭5   E♭5
  I know you little liber - tine
B♭5 E♭5   B♭5   E♭5
  I know you're a real coo-coo.

‖: B♭5 E♭5 :‖ *Play 4 times*

Chorus 1

B♭5   E♭5   A♭5
Want you coo-coo can - nonball,
B♭5   E♭5   A♭5
Want you coo-coo can - nonball,
B♭5   E♭5   A♭5   B♭5
  In the shade, in the shade,
    E♭5   A♭5   B♭5
In the shade, in the shade.

‖: B♭5 E♭5 :‖ *Play 4 times*

© Copyright 1993 EMI Music Publishing Limited.
All Rights Reserved. International Copyright Secured.

Verse 2
      B♭5 E♭5   B♭5   E♭5
       I know you little liber - tine
      B♭5 E♭5   B♭5   E♭5   B♭5 E♭5 B♭5 E♭5
       I know you're a cannon - ball.
      B♭5 E♭5   B♭5   E♭5
       I'll be your what - ever you want,
      B♭5   E♭5   B♭5   **N.C.**
       The bong in this reggae song.

Chorus 2
      B♭5   E♭5   A♭5
       In the shade,
      B♭5   E♭5   A♭5
       In the shade
      B♭5   E♭5   A♭5   B♭5
     Want you coo-coo can - nonball,
      B♭5   E♭5   A♭5   B♭5
     Want you coo-coo can - nonball.

Verse 3
      B♭5   E♭5   B♭5   E♭5
       Spit - ting in a wish - ing well
      B♭5 E♭5   B♭5
        Blown to hell, crash,
     N.C.   B♭5 E♭5 B♭5 E♭5
     I'm the last splash.
      B♭5 E♭5   B♭5   E♭5
       I'll be your what - ever you want,
      B♭5   E♭5   B♭5   E♭5
       The bong in this reggae song.

     ‖: B♭5 E♭5 :‖ *Play 4 times*

Chorus 3
      B♭5   E♭5   A♭5
     Want you coo-coo can - nonball,
      B♭5   E♭5   A♭5
     Want you coo-coo can - nonball,
      B♭5   E♭5   A♭5   B♭5
       In the shade, in the shade,
            E♭5   A♭5   B♭5
     In the shade, in the shade.

Outro   ‖: B♭5 E♭5 :‖ *Play 8 times*

Can't You Hear My Heartbeat

Words & Music by John Carter & Ken Lewis

Intro ‖: E B7 | A   E :‖

Verse 1
E   B7   A   E
Every time I see you looking my way,
   B7   A   E
Baby, baby, can't you hear my heartbeat?
   B7   A   E
In the park or walking down the highway,
   B7   A   E
Baby, baby, can't you hear my heartbeat?

Chorus 1
   A
And when you move up closer to me,
B7
I get a feeling that's 'ooh-ee.'
E   B7   A   E
Can't you hear the pounding of my heartbeat?
                  A   E   B7 E   A   E   B7
'Cause you're the one I love,___ you're the one I love.

Verse 2
E   B7   A   E
And when I feel you put your arms a - round me.
   B7   A   E
Baby, baby, can't you hear my heartbeat?
   B7   A   E
Then I'm glad, I'm mighty glad you found me.
   B7   A   E
Baby, baby, can't you hear my heartbeat?

© Copyright 1964 Carter-Lewis Music Publishing Company Limited.
Peermusic (UK) Limited.
All Rights Reserved. International Copyright Secured.

	A
Chorus 2	And when you asked me to meet your ma,
	B7
	I know that baby we'd be going far.

           E   **B7**   **A**   **E**
         Can't you hear the pounding of my heartbeat?

                   A   **E**   **B7 E**   **A**   **E**   **B7**
      'Cause you're the one I love,_____ you're the one I love.

Instrumental   ‖: **E**   **B7** | **A**   **E** :‖ *Play 4 times*

            E   **B7**   **A**   **E**
Verse 3   All my friends are crying out to meet you,

                B7   **A**   **E**
        Baby, baby, can't you hear my heartbeat?

                B7   **A**   **E**
        Now's the time to go and see the preacher.

                B7   **A**   **E**
        Baby, baby, can't you hear my heartbeat?

            A
Chorus 3   And wedding bells are going to chime,

            B7
         And baby, baby, you're gonna be mine.

            E   **B7**   **A**   **E**
         Can't you hear the pounding of my heartbeat?

                   A   **E**   **B7 E**   **A**   **E**   **B7**
        'Cause you're the one I love,_____ you're the one I love.

           ‖: **E**   **B7**   **A**   **E**
Outro   ‖: Baby, baby, can't you hear my heartbeat?

            E   **B7**   **A**   **E**
        Baby, baby, can't you hear my heartbeat? :‖ *Repeat to fade*

Common People

Words by Jarvis Cocker
Music by Jarvis Cocker, Nick Banks,
Russell Senior, Candida Doyle & Stephen Mackey

Intro | G | G | G | G ‖

Verse 1
   G
   She came from Greece, she had a thirst for knowledge,

She studied sculpture at St. Martin's college,
          D
That's where I caught her eye.
G
  She told me that her dad was loaded,

I said "In that case I'll have rum and Coca-Cola."
    D
She said "Fine."

And then in thirty seconds time she said
C
"I want to live like common people,
                           G
I want to do whatever common people do,

Want to sleep with common people,
                            D
I want to sleep with common people like you."

Well, what else could I do?
                       G
I said, "I'll, I'll see what I can do."

© Copyright 1994 Island Music Limited.
Universal/Island Music Limited.
All Rights Reserved. International Copyright Secured.

Verse 2
(G)
I took her to a supermarket,

                                                          D
I don't know why but I had to start it somewhere, so it started there.

G
I said "Pretend you've got no money."

                                                      D
She just laughed and said "Oh, you're so funny." I said "Yeah?

Well I can't see anyone else smiling in here.

    C
Are you sure you want to live like common people,

                       G
You want to see whatever common people see,

You want to sleep with common people,

                            D
You want to sleep with common people like me?"

                                                G
But she didn't understand, she just smiled and held my hand.

Verse 3
Rent a flat above a shop, cut your hair and get a job,

D
Smoke some fags and play some pool,

Pretend you never went to school,

G
But still you'll never get it right

'Cause when you're laid in bed at night

D
Watching 'roaches climb the wall,

If you called your dad he could stop it all, yeah.

C
You'll never live like common people,

                                G
You'll never do whatever common people do.

You'll never fail like common people,

                                D
You'll never watch your life slide out of view,

And then dance and drink and screw

                 G
Because there's nothing else to do.

Instrumental ‖: G | G | G | G |
| D | D | D | D :‖

Verse 4
      C
Sing along with the common people,
                              G
Sing along and it might just get you through.

Laugh along with the common people,
                                   D
Laugh along even though they're laughing at you,

And the stupid things that you do,
                   G
Because you think that poor is cool.

Verse 5
Like a dog lying in the corner,

They will bite you and never warn you,
  D
Look out, they'll tear your insides out,
G
 'Cause everybody hates a tourist,
                              D
Especially one who thinks it's all such a laugh,

And the chip stains and grease will come out in the bath.
           C
You will never understand how it feels to live your life
  G
With no meaning or control and with nowhere left to go.
D
You are amazed that they exist,
                                G
And they burn so bright whilst you can only wonder why.

Verse 6 As Verse 3

Outro | G | G | G | G ‖

    (G)
‖: Want to live with common people like you. :‖ *Play 7 times*

‖: Oh, la, la, la, la. :‖ *Play 4 times*

Oh yeah.

Dog Days Are Over

Words & Music by Florence Welch & Isabella Summers

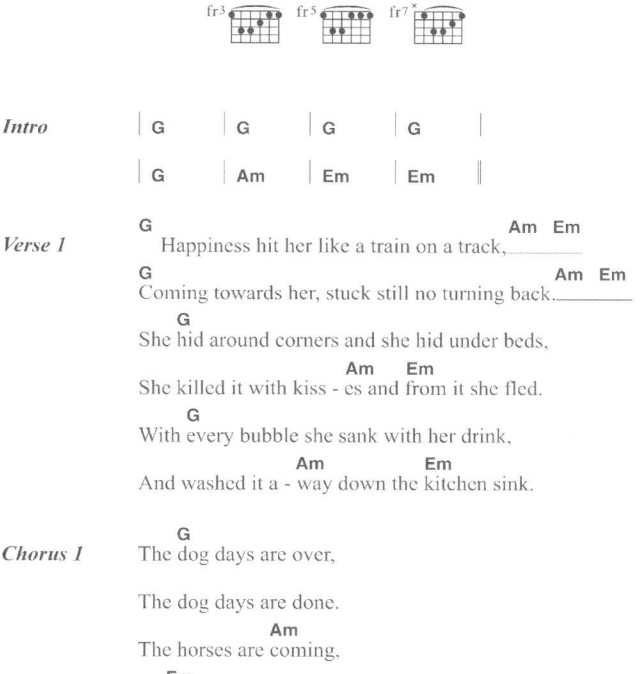

Intro	| G | G | G | G |
	| G | Am | Em | Em |

Verse 1
    G   Am Em
Happiness hit her like a train on a track,_____
  G   Am Em
Coming towards her, stuck still no turning back._____
    G
She hid around corners and she hid under beds,
                              Am   Em
She killed it with kiss - es and from it she fled.
   G
With every bubble she sank with her drink,
                 Am   Em
And washed it a - way down the kitchen sink.

Chorus 1
   G
The dog days are over,

The dog days are done.
         Am
The horses are coming,
  Em
So you better run.

© Copyright 2008 Florence And The Machine Ltd.
Universal Music Publishing Limited.
All Rights Reserved. International Copyright Secured.

Verse 2

    G
Run fast for your mother, run fast for your father,

Run for your children, for your sisters and brothers.
        Am
Leave all your loving, your loving behind,
Em
You can't carry it with you if you want to survive.

Chorus 2

G
The dog days are over,

The dog days are done.
        Am
Can you hear the hor - ses?
Em   **G**
'Cause here they come.

Verse 3

G   **Am**   **Em**
And I never wanted anything from you,
    G   **Am**   **Em**
Except everything you had and what was left after that too, oh.
G   **Am Em**
Happiness hit her like a bullet in the head,_____
G
Struck from a great height,
                      Am   **Em**
By someone who should know bet - ter than   that.

Chorus 3   As Chorus 2

Verse 4   As Verse 2

Chorus 4

G
The dog days are over,

The dog days are done.
        Am
Can you hear the hors - es?
Em
'Cause here they come.

Chorus 5
    G
The dog days are over,
               Em
The dog days are done.
    G
The horses are coming,
Am   **Em**
So you better run.

Chorus 6
    G
The dog days are over,
Am   **Em**
The dog days are done.
    G
The horses are coming,
Am   **Em G**
So you better run.

Coz I Luv You

Words & Music by Noddy Holder & Jim Lea

Am   Dm   B♭

Intro | Am | Am ||

Verse 1
        Dm
I won't laugh at you, when you boo-hoo-hoo,
Am
Coz I luv you.
      Dm
I can't turn my back on the things you like,
Am
Coz I luv you.
B♭   **Am**
I just like the things you do,
B♭   **Am**
Don't you change the things you do.

Verse 2
           Dm
You get me in a spot, that's all the smile you got,
Am
Then I luv you.
          Dm
You make me out a clown and you put me down,
Am
I still luv you.
B♭   **Am**
I just like the things you do,
B♭   **Am**
Don't you change the things you do, yeah.

Instrumental ‖: Dm | Dm | Am | Am :‖

              ‖: B♭ | B♭ | Am | Am :‖

© Copyright 1971 Barn Publishing (Slade) Limited.
All Rights Reserved. International Copyright Secured.

Verse 3

     Dm
    When you bite your lip, you're going to flip your flip,
    Am
    But I luv you.
     Dm
    When we're miles apart, you still reach my heart,
    Am
    How I luv you.
    B♭   **Am**
    I just like the things you do,
    B♭   **Am**
    Don't you change the things you do.

Verse 4

     Dm
    Only time can tell you that I want you,
    Am
    Coz I luv you.
     Dm
    Oh, it makes such fun when you're beside my side,
    Am
    Coz I luv you.
    B♭   **Am**
    I just like the things you do,
    B♭   **Am**
    Don't you change the things you do.

Outro ‖: **Dm** | **Dm** | **Am** | **Am** :‖
      With vocal ad lib.

      ‖: **B♭** | **B♭** | **Am** | **Am** :‖

      ‖: **Dm** | **Dm** | **Am** | **Am** :‖ *Repeat to fade*

Crash

Words & Music by Paul Court, Stephen Dullaghan & Tracy Spencer

Capo second fret

Intro ‖: A | A | E | D :‖

Verse 1
N.C   A   D
Here you go, way too fast,
E   D
Don't slow down you're gonna crash,
          A   D
You should watch, watch your step,
      E   D
If you don't look out, you're gonna break your neck.
      A   D
So shut, shut your mouth
      E   D
'Cause I'm not listening anyhow.
              A   D
I've had e - nough, enough of you,
      E   D
E - nough to last a lifetime through.
      E
So what do you want of me?
A   D
Got no words of sympathy,
      E   D
And if I go around with you,
      A   D   E
You know that I'd get messed up too, with you.

Interlude
A   D   E   D
Na, na, na, na, na, na, na, na, na, na, na,
A   D   E   D
Na, na, na, na, na, na, na, na, na, na.

© Copyright 1988 Complete Music Limited.
All Rights Reserved. International Copyright Secured.

Verse 2

N.C   **A**   **D**
Here you go, way too fast,
E   **D**
Don't slow down you're gonna crash,
       A   **D**
You don't know what's been going down,
E   **D**
You've been running all over town.
  A   **N.C**   **D**
So shut, shut your mouth
     E   **D**
'Cause I'm not listening anyhow.
    A   **D**
I've had enough, enough of you
   E   **D**
E - nough to last a lifetime through.
  E
So what do you want of me?
A   **D**
Got no cure for misery,
   E
And if I go around with you,
    A   **D**   **E**
You know that I'd get messed up too, with you.

Outro

    A   **D**   **E**
𝄆 Na, na, na, na, na, na, na, na, na, na, na,
                    D
(Slow down you're gonna crash)
A   **D**   **E**
Na, na, na, na, na, na, na, na, na, na, na.
                    D
(Slow down you're gonna crash) 𝄇 *Repeat to fade*

Dancing With Myself

Words & Music by Billy Idol & Tony James

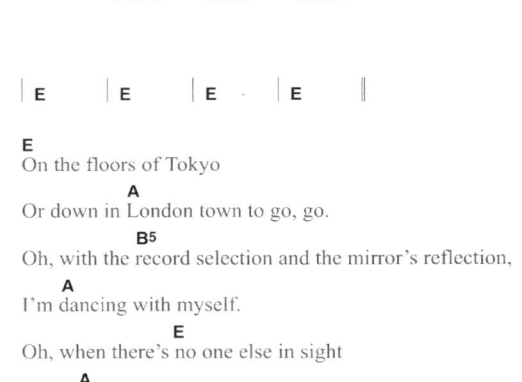

Intro | E | E | E | E ||

Verse 1
E
On the floors of Tokyo
     A
Or down in London town to go, go.
       B5
Oh, with the record selection and the mirror's reflection,
 A
I'm dancing with myself.
        E
Oh, when there's no one else in sight
 A
In the crowded lonely night.
  B5
Well, I wait so long for my love vibration
   A
And I'm dancing with myself.

Chorus 1
A   E
Oh, oh, dancing with myself,
A
Oh, oh, dancing with myself,
 B5
Well, there's nothing to lose and there's nothing to prove,
  A   E
I'll be dancing with myself, oh, oh, oh, oh.

© Copyright 1980 Chrysalis Music Ltd, a BMG Chrysalis company/
Universal Music Publishing Limited.
All Rights Reserved. International Copyright Secured.

Verse 2

      E
If I looked all over the world
          A
And there's every type of girl.
    B5
But your empty eyes seem to pass me by,
      A
Leave me dancing with myself.
    E
So let's sink another drink,
    A
'Cause it'll give me time to think.
  B5
If I had the chance, I'd ask the world to dance
     A
And I'll be dancing with myself.

Chorus 2

A   **E**
Oh, oh, dancing with myself,
    A
Oh, oh, dancing with myself,
    B5
Well, there's nothing to lose and there's nothing to prove,
    A   **E**
And I'll be dancing with myself, oh, oh, oh, oh.
   A
Oh, oh, oh, oh, oh.
   E
Oh, oh, oh, oh.
  B5
Oh, oh, oh, oh, ow!

Link 1

‖: B5 | B5 | E | E :‖ *Play 3 times*

| B5 | B5 | B5 | B5 ‖

Verse 3
     B5 **E**
Well, if I looked all over the world
              A
And there's every type of girl.
        B5
But your empty eyes seem to pass me by,
  A
Leave me dancing with myself.
    E
So let's sink another drink,
           A
'Cause it'll give me time to think.
  B5 **N.C.**
If I had   the chance I'd ask the world to dance
          A
And I'll be dancing with myself.

Chorus 3
A   **E**
Oh, oh, dancing with myself,
A
Oh, oh, dancing with myself,
B5
If I had the chance I'd ask the world to dance,

If I had the chance I'd ask the world to dance,

If I had the chance I'd ask the world to dance.

Bridge 1
B5   **E**
Oh, oh, oh, oh.
A
Oh, oh, oh, oh.
E
Oh, oh, oh, oh.
A
Oh, oh, oh, oh.
E
Oh, oh, dancing with myself.
A
Oh, oh, dancing with myself.
E
Oh, oh, dancing with myself.
A
Oh, oh, dancing with myself, oh, oh.

Link 2	‖: E	| E	| E	| E	:‖

Bridge 2
E   A
Oh, oh, oh, oh.
        E
Oh, oh, oh, oh.
       A
Oh, oh, oh, oh.

Oh, oh.

Link 3	| B5	| B5	| E	| E |
	| B5	| B5	| B5	| B5 ‖

Verse 4   As Verse 3

Chorus 4   As Chorus 3

Outro
      E
‖: Oh, oh, dancing with myself.
    A
Oh, oh, dancing with myself. :‖   *Repeat ad lib. to fade*

Daydreamer

Words & Music by Adele Adkins

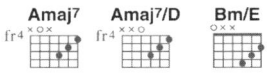

Intro | Amaj7 | Amaj7 | Amaj7/D | Amaj7/D ||

Verse 1
Amaj7
Daydreamer, sitting on the seat, soaking up the sun,
Amaj7/D
He is a real lover of making up the past and feeling up his girl
(Amaj7)
Like he's never felt her figure be - fore.

Link 1 | Amaj7 | Amaj7 | Amaj7/D | Amaj7/D ||

Verse 2
Amaj7
A jaw dropper, looks good when he walks,

He's the subject of their talk.
Amaj7/D
He would be hard to chase,

But good to catch and he could change the world

With his hands behind his back, oh.

Link 2 | Amaj7 Amaj7/D | Amaj7 Amaj7/D | Amaj7 Amaj7/D |

| Amaj7 Amaj7/D | Amaj7/D ||

| | (Amaj7/D) Bm/E   Amaj7
Chorus 1 | You can find him sitting on your doorstep
| | Bm/E   Amaj7
| | Waiting for a surprise.
| | Bm/E   Amaj7
| | And he will feel like he's been there for hours
| | Bm/E   Amaj7
| | And you can tell that he'll be there for life.

Link 3 | Amaj7 | Amaj7 | Amaj7/D | Amaj7/D ‖

Verse 3
Amaj7
Daydreamer with eyes that make you melt,

He lends his coat for shelter,
    Amaj7/D
Plus he's there for you when he shouldn't be.

                                                           (Amaj7)
But he stays all the same, waits for you, then sees you through.

Link 4 | Amaj7 | Amaj7 | Amaj7/D | Amaj7/D ‖

Bridge
Amaj7   Amaj7/D
There's no way I could describe him,
Amaj7   Amaj7/D   (Amaj7)
What I said is just what I'm hoping for.

Link 5 | Amaj7 Amaj7/D | Amaj7 Amaj7/D | Amaj7 Amaj7/D |

          | Amaj7 Amaj7/D | Amaj7/D   ‖

Chorus 2
(Amaj7/D) Bm/E   Amaj7
But I will find him sitting on my doorstep
Bm/E   Amaj7
Waiting for a surprise.
        Bm/E   Amaj7
And he will feel like he's been there for hours
        Bm/E   Amaj7
And I can tell that he'll be there for life.
        Bm/E   Amaj7   Amaj7/D
And I can tell that he'll be there for life.

Desire

Words by Bono
Music by U2

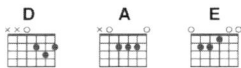

To match original recording, tune guitar down a semitone

Intro ‖: D A | E A E | D A | E A E :‖

Verse 1
D   A E A E   D   A E
Lover,   I'm on the street,
A   E   D   A E A E   D   A E
Gonna go where the bright lights   and the big city meet.
A   E   D   A
With a red gui - tar on fire,
     D   A E   A E   D   A E
De - sire._____

Verse 2
A E   D   A E A   E   D   A E
 She's a can - dle   burning in my room,
    A   E   D   A E A E   D   A E
Yeah, I'm like the nee - dle,   nee - dle and spoon.
A   E   D   A E   D   A E
Ov - er the count - er with a shot - gun,
A E   D   A E A   E   D A   E
 Pretty soon   every - body's got one.
A E   D   A
 And the fever, when I'm be - side her,
     D   A E   A E   D   A E
De - sire._____
A E   D   A E   A E   D   A E
   De - sire._____

Bridge | E | E | E | E |

(E)   D   A
And the fever, getting higher,

© Copyright 1988 Blue Mountain Music Limited.
All Rights Reserved. International Copyright Secured.

cont.

    D   A E   A E   D   A E
De - sire._____

A E   D   A E   A E   D   A E A E
   De - sire._____

D   A
Burn - ing.

D   E
Burn - ing.

Link 1

‖: **D   A** | **E   A E** | **D   A** | **E   A E** :‖

Verse 3

(A)   (E)   D   A   E A   E   D   A E
She's the dol - lars,   she's my pro - tection,

A   E   D   A   E A   E   D   A   E
Yeah, she's a pro - mise   in the year of e - lec - tion.

A E   D   A   E A E   D   A E   A E
  Oh sis - ter,   I can't let___ you go,

       D   A   E   A E   D   A E
Like a preacher stealing hearts at a travelling show,

A E   D   A   E   A   E
For love or money, money, money, money, money, money,

D   A   E   A   E
Money, money, money, money, money.

        D   A
Yeah, the fever, getting higher,

    D   A E   A E   D   A E
De - sire._____

A E   D   A E   A E   D   A E A E
   De - sire._____

A E   D   A E   A E   D   A E A E
   De - sire._____

A E   D   A E   A E   D   A E A E
   De - sire._____

Link 2

‖: **D   A** | **E   A E** | **D   A** | **E   A E** :‖

Outro

    D   A E   A E   D   A E
De - sire._____

A E   D   A E   A E   D   A E A E
   De - sire._____

| **D   A** | **E   A E** | **D   A** | **E   A E** |

| **D   A** | **E   A E** | **D   A** | **E**   ‖

Feel Good Hit Of The Summer

Words & Music by Josh Homme & Nick Oliveri

B♭5   D♭5   E♭5

Intro   ‖: (B♭5) | (B♭5) | (B♭5) | (B♭5) :‖

Chorus 1
B♭5
Nicotine, Valium, Vicodin, Marijuana, Ecstasy and Alcohol, ___

Nicotine, Valium, Vicodin, Marijuana, Ecstasy and Alcohol, ___

Nicotine, Valium, Vicodin, Marijuana, Ecstasy and Alcohol, ___

                                                                                         D♭5
Nicotine, Valium, Vicodin, Marijuana, Ecstasy and Alcohol. ___
B♭5   D♭5
C-C-C-C-C-Co-caine.

Verse 1 | B♭5 | B♭5 | B♭5 | E♭5 |
                                         C-C-C-C-C-Co-caine.

                | B♭5 | B♭5 | B♭5 | E♭5 |
                                           Co - Co - caine.

                | B♭5 | B♭5 | B♭5 | E♭5 ‖
                                         C-C-C-C-C-Co-caine.

Link | (B♭5) | (B♭5) | (B♭5) | (B♭5) ‖

Guitar solo | D♭5 | D♭5 | D♭5 | D♭5 |

                    | (B♭5) | (B♭5) | (B♭5) | (B♭5) ‖

Chorus 2
B♭5
Nicotine, Valium, Vicodin, Marijuana, Ecstasy and Alcohol, ___

Nicotine, Valium, Vicodin, Marijuana, Ecstasy and Alcohol, ___

Nicotine, Valium, Vicodin, Marijuana, Ecstasy and Alcohol, ___

Nicotine, Valium, Vicodin, Marijuana, Ecstasy and Alcohol, ___

Nicotine, Valium, Vicodin, Marijuana, Ecstasy and Alcohol, ___

                                                                                          D♭5
Nicotine, Valium, Vicodin, Marijuana, Ecstasy and Alcohol. ___
B♭5   D♭5
C-C-C-C-C-Co-caine.

Verse 2
| B♭5 | B♭5 | B♭5 | E♭5 |
                      C-C-C-C-C-Co-caine.

| B♭ | B♭5 | B♭5 | D♭5 ||
                 Co - Co - caine.

Chorus 3
B♭5
Nicotine, Valium, Vicodin, Marijuana, Ecstasy and Alcohol, ___

Nicotine, Valium, Vicodin, Marijuana, Ecstasy and Alcohol, ___

Nicotine, Valium, Vicodin, Marijuana, Ecstasy and Alcohol, ___

Nicotine, Valium, Vicodin, Marijuana, Ecstasy and Alcohol, ___

Nicotine, Valium, Vicodin, Marijuana, Ecstasy and Alcohol, ___

                                                            D♭5
Nicotine, Valium, Vicodin, Marijuana, C-C-C-C-C-Co-caine.

The First Cut Is The Deepest

Words & Music by Cat Stevens

| | G D | C D | G D | C D ||

Intro

Verse 1
        G   D   C   D
I would have given you all of my heart,
          G   C   D   C
But there's someone who's torn it a - part,
         G   D   C
And she's taken almost all that I've got
   D   G   D   C
But if you want I'll try to love a - gain,
D   G   C   D
Baby I'll try to love a - gain, but I know,

Chorus 2
G   D   C
  The first cut is the deepest,
D   G
Baby I know,
      D   C   D
The first cut is the deepest.

           G   D   C   D
'Cause when it comes to being lucky she's cursed,
      G   C   D   C
When it comes to loving me she's worst,
           G   D   C
But when it comes to being in love she's first
   D
That's how I know
G   D   C
  The first cut is the deepest,
D   G
Baby I know,
      D   C   D
The first cut is the deepest.

© Copyright 1967 Salafa Limited.
BMG Rights Management (UK) Limited.
All Rights Reserved. International Copyright Secured.

Verse 2
        G   **D** **C** **D**
I still want you by my side,
      G   **C**   **D**   **C**
Just to help me dry the tears that I've cried
       G   **D** **C**
'Cause I'm sure gonna give you a try
  D   **G**   **D**   **C**
And if you want I'll try to love a - gain,
D   **G**   **C**   **D**
Baby I'll try to love again, but I know.

Chorus 2   As Chorus 1

Link | **G** **D** | **C** **D** ||
                  Ba - by I know.

Chorus 3   As Chorus 1 *To fade*

Geraldine

Words & Music by James Allan

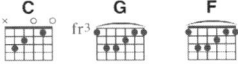

| Intro | ‖: C | C G | F | F G :‖ *Play 4 times* |

Verse 1
       C   **G F**
When your sparkle evades your soul,
                           G C
I'll be at your side to console.
                                     G F
When you're standing on the window ledge,
                            G C
I'll talk you back, back from the edge.
                      G F
I will turn, I will turn your tide,
                                  G C
Be your shepherd I swear, be your guide.
                                                            G   **F**
When you're lost in your deep and darkest place a - round,
                                            G C
May my words walk with you home safe and sound.

Link 1
C G F G
Ooh, ooh,___ ooh.
C G F G
Ooh, ooh,___ ooh.

© Copyright 2008 Universal Music Publishing Limited.
All Rights Reserved. International Copyright Secured.

Verse 2

    C   G   F
When you say that I'm no good and you feel like walk - ing,
                                               G   C
I need to make sure you know it's just the prescription talking.
                                     G   F
When your feet decide to walk you on the wayward side,
                                        G   C
Climbing up upon the stairs and down the downward slide,
                  G   F
I will turn, I will turn your tide,
                      G C
Do all that I can to heal you inside.
                             G   F
I will be the angel on your shoul - der,
                               G   C
My name is Geraldine, I'm your so - cial work - er.

Link 2

C   G   F   G
Ooh, ooh,___ ooh.
C   G   F   G
Ooh, ooh,___ ooh.

Bridge

C G F   G C
I see you   need me,
 G   F   G
I know you do.___
C G F   G C
I see you   need me,
 G   F
I know you do.
 G   (C)
I know you do.

Instrumental   ‖: C | C G | F | F G :‖   *Play 4 times*

Verse 3

  C   G F
I will turn, I will turn your tide,
                      G C
Do all that I can to heal you inside.
                             G F
I will be the angel on your shoul - der,
                             G   C
My name is Geraldine, I'm your so - cial work - er.

Get It On

Words & Music by Marc Bolan

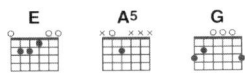

Verse 1
        E
Well you're dirty and sweet,
  A5   E
Clad in black, don't look back, and I love you,
  A5   E
You're dirty and sweet, oh yeah.

Well you're slim and you're weak,
         A5   E
You've got the teeth of the Hydra upon you,
  A5   E
You're dirty sweet and you're my girl.

Chorus 1
  G   A5   E
Get it on, bang a gong, get it on.
  G   A5   E
Get it on, bang a gong, get it on.

Verse 2
       (E)
Well you're built like a car,
  A5   E
You've got a hubcap diamond star halo,
  A5   E
You're built like a car, oh yeah.

                              A5
Well you're an untamed youth, that's the truth,
          E
With your cloak full of eagles
  A5   E
You're dirty sweet and you're my girl.

© Copyright 1971 Westminster Music Limited.
All Rights Reserved. International Copyright Secured.

Chorus 2   As Chorus 1

Verse 3
                  E
Well you're windy and wild
       A5   E
You've got the blues in your shoes and your stockings,
  A5   E
You're windy and wild, oh yeah.

Well you're built like a car,
      A5   E
You've got a hubcap diamond star halo,
  A5   E
You're dirty sweet and you're my girl.

Chorus 3   As Chorus 1

Instrumental 1 ‖: E | E | E | E   :‖

Verse 4
    (E)
Well you're dirty and sweet,
  A5   E
Clad in black, don't look back, and I love you,
  A5   E
You're dirty and sweet, oh yeah.

Well you dance when you walk,
  A5   E
So let's dance, take a chance, understand me,
  A5   E
You're dirty sweet and you're my girl.

Chorus 4   ‖: G   A5   E :‖ *Play 3 times*
Get it on, bang a gong, get it on.

Instrumental 2 ‖: E | E | E | E :‖

Chorus 5   ‖:   **G**   **A5**   **E** :‖ *Play 3 times*
Get it on, bang a gong, get it on.

       G   **A5**   **E**
Get it on, bang a gong, right on!

  G **A5** **E**
Take me!

Coda   Well meanwhile I'm still thinkin'.
(spoken)

Lily The Pink

Traditional
Arranged by John Gorman, Roger McGough & Mike McGear

Chorus 1
       C   G
We'll drink a drink a drink to Lily the Pink the Pink the Pink
                            C
The saviour of the human race
                                  G
For she invented medicinal compound
      G7   C
Most efficacious in every case.

Verse 1
    C   G
Mr Flears had sticking out ears
                  C
And it made him awful shy
                                G
And so they gave him medicinal compound
    G7   C
Now he's learning how to fly.

Verse 2
    C   G
Brother Tony was known to be boney
               C
He would never eat his meals,
                                G
And so they gave him medicinal compound
    G7   C
Now they move him round on wheels.

Chorus 2   As Chorus 1

© Copyright 1968 Chester Music Limited trading as Noel Gay Music Company.
All Rights Reserved. International Copyright Secured.

Verse 3
     C   **G**
Old Ebenezer thought he was Julius Caesar
               C
And so they put him in a home
                     G
Where they gave him medicinal compound
        G7   **C**
And now he's Emperor of Rome.

Verse 4
   C   **G**
Johnny Hammer had a terrible s- s- s- stammer,
                   C
He could hardly s- s- say a w- w- word,
                     G
And so they gave him medicinal compound
  G7   **C**
Now he's seen but never heard.

Chorus 3
G7 **C**   **G**
We'll drink a drink a drink to Lily the Pink the Pink the Pink
          C
The saviour of the human race
             G
For she invented medicinal compound
  G7   **C**
Most efficacious in every case.

Verse 5
   C   **G**
Auntie Millie went willy nilly,
             C
When her legs they did recede,
                  G
And so they rubbed on medicinal compound
  G7 **C**
Now they call her Millie Pede.

Verse 6
 C   **G**
Jennifer Eccles had terrible freckles
  G7   **C**
And the boys all called her names,
                 G
But she changed with medicinal compound
  G7   **C**
Now he joins in all their games.

Chorus 4   As Chorus 3

Verse 7
C   G
Lily the Pink she turned to drink she
                C
Filled up with paraffin inside,
                              G
And despite her medicinal compound
  G7   C
Sadly pickled Lily died.

Verse 8
(slower)
C   G
Up to heaven her soul ascended
                         C
Oh the church bells they did ring,
                              G
She took with her medicinal compound
  G7   C
Hark the herald angels sing.

Chorus 5
     C   G
We'll drink a drink a drink to Lily the Pink the Pink the Pink
                    C
The saviour of the human race
                         G
For she invented medicinal compound
      G7   C
Most efficacious in every case.

The King Of Carrot Flowers Pt. One

Words & Music by Jeff Mangum

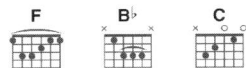

Intro ‖: F | F B♭ F | C | B♭ :‖

Verse 1
F   C   B♭
When you were young you were the king of carrot flowers,
F   C   B♭
And how you built a tower tumbling through the trees
C   B♭   (F)
In holy rattlesnakes that fell all around your feet.

Link 1 | F | F B♭ F | C | B♭ ‖
(feet.)

Verse 2
F   C   B♭
And your mom would stick a fork right into daddy's shoulder,
F   C   B♭
And dad would throw the garbage all across the floor,
C   B♭   (F)
As we would lay and learn what each other's bodies were   for.

Link 2 ‖: F | F B♭ F | C | B♭ :‖
(for.)

© Copyright 1998 Universal Music Publishing International MGB Limited.
All Rights Reserved. International Copyright Secured.

Verse 3
    F   **C**   **B♭**
And this is the room one after - noon I knew I could love you,
    F   **C**   **B♭**
And from above you how I sank into your soul,
    C   **B♭**   **(F)**
Into that secret place where no one dares to go.

Link 3
| **F** | **F B♭ F** | **C** | **B♭** |
(go.)

Verse 4
    F   **C**   **B♭**
And your mom would drink until she was no longer speaking,
    F   **C**   **B♭**
And dad would dream of all the different ways to die,
    C   **B♭**   **F**   **B♭ F C B♭ F B♭ F**
Each one a little more than he could dare to try.
C   **B♭ F B♭ F**
Ay.
C   **B♭ F B♭ F**
Ay.
C   **B♭ F**
Ay.

A Girl Like You

Words & Music by Edwyn Collins

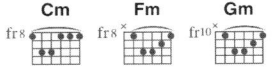

Intro | Cm | Fm Gm | Cm | Fm Gm |

                | Cm | Fm Gm | Cm | Fm Gm ||

Verse 1
```
     Cm              Fm      Gm Cm Fm Cm
I've never known a girl like you be - fore,
     Cm              Fm       Gm Cm Fm Cm
Now just like in a song from days of yore.
  Cm                   Fm       Gm Cm Fm Cm
Here you come a-knocking, knocking on my door,
     Cm             Fm       Gm Cm Fm Cm
And I've never met a girl like you be - fore.
```

Guitar riff 1 | Cm | Fm Gm | Cm | Fm Gm |

                     | Cm | Fm Gm | Cm | Fm Cm ||

Verse 2
```
      Cm            Fm     Gm Cm Fm Cm
You give me just a taste so I want more,
      Cm                   Fm     Gm Cm Fm Cm
Now my hands are bleeding and my knees are raw,
      Cm                       Fm       Gm Cm Fm Cm
'Cause now you've got me crawling, crawling on the floor,
      Cm               Fm       Gm Cm Fm Cm
And I've never known a girl like you be - fore.
```

Guitar riff 2 ‖: Cm | Fm Gm | Cm | Fm Gm |

| Cm | Fm Gm | Cm | Fm Cm ‖

Verse 3
Cm   Fm   Gm
You've made me acknowledge the devil in me,
Cm   Fm   Gm
I hope to God I'm talking meta - phorical - ly,
Cm   Fm   Gm
I hope that I'm taking alle - gorical - ly,
Cm   Fm   Gm
Know that I'm talking 'bout the way I feel.
             Cm   Fm   Gm Cm Fm Cm
And I've never known a girl like you be - fore,
Cm   Fm   Gm
Never, never, never, never,
Cm   Fm   Cm
Never known a girl like you be - fore.

Guitar solo | Cm | Fm Gm | Cm | Fm Gm |

| Cm | Fm Gm | Cm | Fm Cm ‖

Outro
Cm   Fm   Gm
    This old town's changed so much,
Cm   Fm   Gm
   Don't feel that I be - long,
Cm   Fm   Gm
   Too many protest singers,
Cm   Fm   Gm
   Not enough protest songs.
           Cm   Fm Gm
And now you've come along,
        Cm   Fm Gm
Yes, you've come along,
           Cm   Fm   Cm
And I've never met a girl like you be - fore.

Guitar outro ‖: Cm | Fm Gm | Cm | Fm Gm |

| Cm | Fm Gm | Cm | Fm Gm :‖

Repeat ad lib. to fade

Gloria

Words & Music by Van Morrison

[E] [D] [A] chord diagrams

Intro | E D A | E D A | E D A ||

Verse 1
E   D   A   E   D A
Wanna tell you about my baby,
E   D   A   E   D A
You know she comes around,
E   D A E   D A
She's about five feet four,
E   D   A E   D A
From her head to the ground.
E   D   A E   D A
You know she comes around here,
E   D A E   D A
A-just about midnight,
E   D A E   D A
She make me feel so good, Lord,
E   D A E D A
She make me feel all right.
E   D A E D A E D A
And her name is G._____ L._____
E D A E D A E D A
O._____ R._____ I._____

Chorus 1
E   D A E D A E
G. L. O. R. I. A, Glo - ri - a,
E   D A E D A E
G. L. O. R. I. A, Glo - ri - a,
        D   A   E D A E
I'm gonna shout it out now, Glo - ri - a,
        D   A   E D A E
I'm gonna shout it everyday, Glo - ri - a,
        D   A
Yeah, yeah, yeah, yeah, yeah.

© Copyright 1964 CARLIN MUSIC CORP.,
Iron Bridge House, 3 Bridge Approach, Chalk Farm, London, NW1 8BD
- All Rights Reserved – Used by Permission

Link 1 | E   D A | E   D A ‖

Guitar solo   ‖: E   D A D | E   D A D :‖ *Play 3 times*

Link 2   ‖: E   D A | E   D A :| E   D A ‖

Verse 2
E   D   A   E   D A
   She comes around here
E   D   A   E   D A
   Just about midnight,
E   D A   E   D A
   She make me feel so good,
E   D   A E   D A
   I wanna say she makes me feel all right.
E   D   A   E   D A
   'Cause she's walking down my street
E   D   A E   D A
   Why don't'cha come to my house,
E   D A   E   D A
   She knock upon my door,
E   D   A E   D A
   And then she come to my room,
E   D A   E   D A
   Then she make me feel all right.

Chorus 2
E   D A E D A E
   G. L. O. R. I. A, Glo - ri - a,
E   D A E D A E
   G. L. O. R. I. A, Glo - ri - a,
        D   A   E D A E
   I'm gonna shout it out now, Glo - ri - a,
        D   A   E D A E
   I'm gonna shout it everyday, Glo - ri - a,

Yeah, yeah, yeah, yeah, yeah.

Coda
D   A E   D A   E
   She's so good,   well all right,
D   A E   D A   E   D A
   She's so good,   well all right.

| E   D A | E   D A | E   D A D |

| E   D A D | E   D A D | E   ‖

Happy Jack

Words & Music by Pete Townshend

Chords: D, A, G

Intro
| riff (D 0fr, E 2fr, F# 4fr, G 5fr, B 4fr, E 2fr, G 5fr, F# 4fr, D 0fr) | D | D |

Verse 1
D   A   D
Happy Jack wasn't old but he was a man,
                       A   D
He lived in the sand at the Isle of Man.

| riff | D |

Verse 2
       D   A   D
The kids would all sing, he would take the wrong key,
                         A   D
So they rode on his head in their furry donkey.

Link 1
| D | D | D | D ||

Chorus 1
G
The kids couldn't hurt Jack,
A
They tried, tried, tried,
G
They dropped things on his back
A
And lied, lied, lied, lied, lied.

Verse 3
          D   A   D
But they couldn't stop Jack or the waters lapping,
                              A   D
And they couldn't prevent Jack from feeling happy.

Link 2
| A | D | A | D |
| A | D | A | D | D ||

© Copyright 1966 Fabulous Music Limited.
All Rights Reserved. International Copyright Secured.

Verse 4   **D**   **A**   **D**
But they couldn't stop Jack or the waters lapping,
                                       A   **D**
And they couldn't prevent Jack from feeling happy.

Link 3 | **A** | **D** | **A** | **D** | **G** |

              | **A D** | **G** | **A** | **A** | **A** | **A** ||

Chorus 2   **G**
The kids couldn't hurt Jack,
  A
They tried, tried, tried,
  G
They dropped things on his back
  A
And lied, lied, lied, lied, lied.

Verse 3   **D**   **A**   **D**
But they couldn't stop Jack or the waters lapping,
                                     A   **D**   **riff** **D**
And they couldn't prevent Jack from feeling happy.

Here Comes The Night

Words & Music by Bert Russell

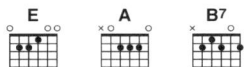

Intro | E | A ||

    E   **A**
Whoa,   here it comes,
       E   **A**
Here comes the night, yeah,
       E **A**
Here comes the night.
    E **B7**
Whoa,____ yeah.

Verse 1
 E
I could see right out my window
 B
Walking down the street, my girl,
    E   **A** **B7**
With an - other guy.
  E
His arms around her
       B7
Like it used to be with me,
        E
Oh, it makes me want to die.
A **B7**
  Yeah,

Chorus 1
   E **A**
Here it comes,
       E **A**
Here comes the night, yeah,
       E **A** **E** **B7**
Here comes the night, yeah.

© 1964 Bert Russell Music LLC.
MPL UK Publishing.
All Rights Reserved. International Copyright Secured.

Verse 2

E
There they go,
                    B7
Funny how they look so good together,
               E   A B7
Wonder what is wrong with me?
E   B7
Why can't I, accept the fact she's chosen him,
          E   A B7
And simply let them be?

Chorus 2

         E   A
Well, here it comes,
            E   A
Here comes the night,
            E   A
Here comes the night, yeah,
E   B7
Yeah.

Sax solo

| E | A | E | E |
| B7 | B7 | E | B7 ||

Verse 3

E
She's with him, he's turning down the lights,
  B7
And now he's holding her,
           E   A B7
The way I used to do.
E
I could see her closing her eyes,
B7
And telling him lies,
              E   A B7
Exactly like she told me too.

Chorus 3

        E   A
Oh, here it comes,
            E   A
||: Here comes the night,
            E   A
Here comes the night.____ :|| *Repeat to fade*

Hot Hot Hot

Words & Music by Alphonsus Cassell

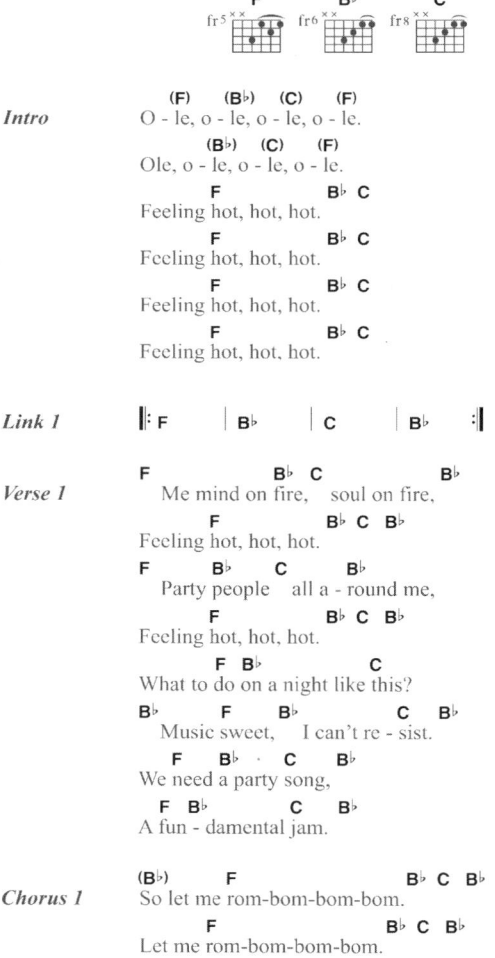

Intro
     (F)   (B♭) (C)   (F)
     O - le, o - le, o - le, o - le.
     (B♭) (C)   (F)
     Ole, o - le, o - le, o - le.
     F   B♭ C
     Feeling hot, hot, hot.
     F   B♭ C
     Feeling hot, hot, hot.
     F   B♭ C
     Feeling hot, hot, hot.
     F   B♭ C
     Feeling hot, hot, hot.

Link 1
‖: F | B♭ | C | B♭   :‖

Verse 1
     F   B♭ C   B♭
     Me mind on fire,   soul on fire,
     F   B♭ C B♭
     Feeling hot, hot, hot.
     F   B♭   C   B♭
     Party people   all a - round me,
     F   B♭ C B♭
     Feeling hot, hot, hot.
     F B♭   C
     What to do on a night like this?
    B♭   F   B♭   C   B♭
     Music sweet,   I can't re - sist.
      F B♭   C   B♭
     We need a party song,
     F B♭   C   B♭
     A fun - damental jam.

Chorus 1
    (B♭)   F   B♭ C B♭
     So let me rom-bom-bom-bom.
          F   B♭ C B♭
     Let me rom-bom-bom-bom.

© Copyright 1983 Chrysalis Music Limited, a BMG Chrysalis company.
All Rights Reserved. International Copyright Secured.

cont.

    F N.C.
O - le,   ole, ole, ole.

Ole, ole, ole, ole.
    F   **B♭ C B♭**
Let me rom-bom-bom-bom.
    F   **B♭ C B♭**
Let me rom-bom-bom-bom.
    F   **B♭ C B♭**
Feeling hot, hot, hot.
    F   **B♭ C B♭**
Feeling hot, hot, hot.

Link 2   ‖: **F** | **B♭** | **C** | **B♭**   :‖

Verse 2

F   **B♭**   **C**   **B♭**
  See people rocking and people chanting,
    F   **B♭ C B♭**
Feeling hot, hot, hot
F   **B♭** **C**   **B♭**
  Keep the spirit, come on let's do it,
    F   **B♭ C B♭**
Feeling hot, hot, hot.
      F B♭   **C**
Hands in the air, celebrate your time,
B♭ F   **B♭**   **C**   **B♭**
Let music captivate your mind.
    F   **B♭**   **C**   **B♭**
We have this party song,
  F B♭   **C**   **B♭**
A fun - damental jam.

Chorus 2

(B♭)   **F**   **B♭ C B♭**
So let me rom-bom-bom-bom.
    F   **B♭ C B♭**
Let me rom-bom-bom-bom.
    F   **B♭ C B♭**
Feeling hot, hot, hot.
    F   **B♭ C B♭**
Feeling hot, hot, hot.
    F   **B♭ C B♭**
Feeling hot, hot, hot.
    F   **B♭ C B♭**
Feeling hot, hot, hot.   *To fade*

I Am A Man Of Constant Sorrow

Words & Music by Carter Stanley

F   B♭   C7

Intro | F | F | F | F | B♭ | B♭ | C7 | C7 | F | F ‖

                       C7   F
(In constant sorrow through his days.)

Verse 1
        F   B♭
I am a man of constant sorrow,
         C7   F
I've seen trouble all my days.
                     B♭
I bid farewell to old Ken - tucky,
          C7   F
The place where I was born and raised.
          C7   F
(The place where he was born and raised).

Instrumental 1 | F | F | F | F | B♭ | B♭ | C7 | C7 | F | F ‖

Verse 2
     F   B♭
For six long years I've been in trouble,
        C7   F
No pleasure here on Earth I found.
                    B♭
For in this world, I'm bound to ramble
        C7   F
I have no friends to help me now.
        C7   F
(He has no friends to help him now).

Instrumental 2 | F | F | F | F | B♭ | B♭ | C7 | C7 | F | F ‖

© Copyright 1953 Peer International Corporation, USA.
Peermusic (UK) Limited.
All Rights Reserved. International Copyright Secured.

Verse 3
       F   B♭
Hence fare thee well, my old true lover
          C7   F
I never ex - pect to see you a - gain.
                            B♭
For I'm bound to ride that northern railroad
      C7   F
Perhaps I'll die upon that train.
      C7   F
(Perhaps he'll die upon this train).

Instrumental 3 | F | F | F | F | B♭ | B♭ | C7 | C7 | F | F ‖

Verse 4
    F   B♭
You can bury me in some deep valley,
      C7   F
For many years where I may lay.
                       B♭
And you may learn to love an - other,
     C7   F
While I am sleeping in my grave.
     C7   F
(While he is sleeping in his grave).

Instrumental 4 | F | F | F | F | B♭ | B♭ | C7 | C7 | F | F ‖

Verse 5
   F   B♭
Maybe your friends think I'm just a stranger
    C7   F
A face you never see no more.
                      B♭
But there is one promise that is given,
    C7   F
I'll meet you on God's golden shore.
      C7   F   C7 F
(He'll meet you on God's golden shore).

I Love Rock 'N' Roll

Words & Music by Alan Merrill & Jake Hooker

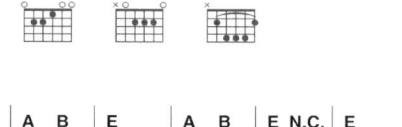

Intro | E | A B | E | A B | E N.C.| E ||

Verse 1
      E   N.C.   E
I saw him dancing there by the record machine,
     N.C.   B
I knew he must have been about seventeen.
   A   B   E   A
The beat was going strong playing my favourite song.
                                                N.C.
And I could tell it wouldn't be long till he was with me, yeah me.
                                               B
And I could tell it wouldn't be long till he was with me, yeah me,

Singing:

Chorus 1
E
I love rock 'n' roll,
   A   B
So put another dime in the juke-box, baby.
E
I love rock 'n' roll,
   A   B   E   N.C.| E ||
So come on take your time and dance with me.

Verse 2
        E   N.C.   E
He smiled so I got up and asked for his name,
            N.C.   B
"That don't matter," he said, " 'cause it's all the same."
 A   B   E   A
I said, "Can I take you home, where we can be alone?"
                                  N.C.
Next we were moving on and he was with me, yeah me,
                                  B
Next we were moving on and he was with me, yeah me, singing:

© Copyright 1975 RAK Publishing Limited.
All Rights Reserved. International Copyright Secured.

Chorus 2
E
I love rock 'n' roll,
  A   **B**
So put another dime in the juke-box, baby.
E
I love rock 'n' roll,
  A   **B**   **E** **N.C.** | **E** ||
So come on take your time and dance with me.

Guitar solo | E | E | E | B ||

Verse 3
  A   **B**   **E**   **A**
I said, "Can I take you home, where we can be alone?"
                             N.C.
Next we were moving on and he was with me, yeah me,

And we'll moving on and singing that same old song,

Yeah with me, singing:

Chorus 3
N.C.
I love rock 'n' roll,

So put another dime in the juke-box, baby.

I love rock 'n' roll,

So come on take your time and dance with me.

Chorus 4
  E
||: I love rock 'n' roll,
  A   **B**
So put another dime in the juke-box, baby.
E
I love rock 'n' roll,
  A   **B**
So come on take your time and dance with :|| *Play 3 times*

Outro
E
I love rock 'n' roll,
  A   **B**
So put another dime in the juke-box, baby.
E
I love rock 'n' roll,
  A   **B**   **E**
So come on take your time and dance with me.

I Love The Sound Of Breaking Glass

Words & Music by Nick Lowe, Andrew Bodnar & Stephen Goulding

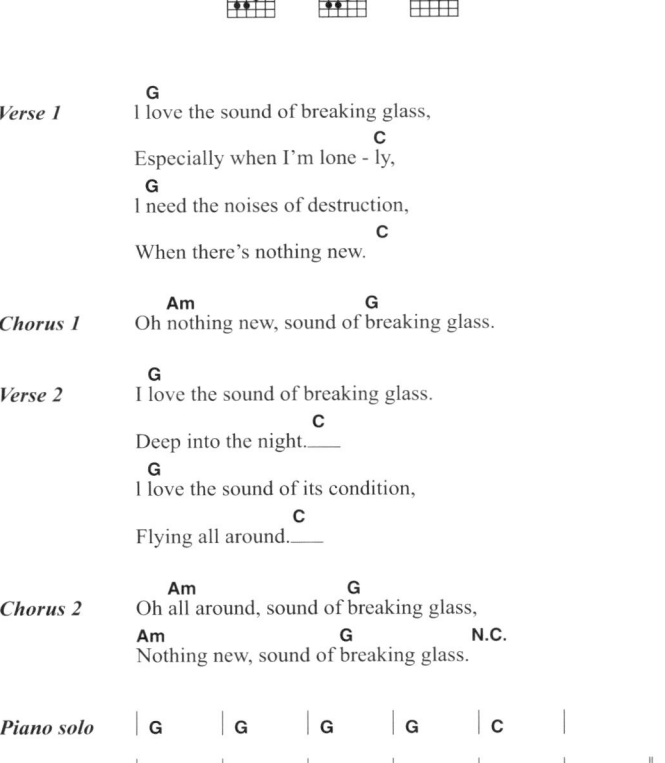

Verse 1
G
I love the sound of breaking glass,
C
Especially when I'm lone - ly,
G
I need the noises of destruction,
C
When there's nothing new.

Chorus 1
      Am   **G**
Oh nothing new, sound of breaking glass.

Verse 2
G
I love the sound of breaking glass.
              C
Deep into the night.____
G
I love the sound of its condition,
        C
Flying all around.____

Chorus 2
    Am   **G**
Oh all around, sound of breaking glass,
Am   **G**   **N.C.**
Nothing new, sound of breaking glass.

Piano solo | G | G | G | G | C |

                    | C | G | G | G | C | C ||

© Copyright 1978 Rock Music Company Limited.
All Rights Reserved. International Copyright Secured.

| | **Am**   **G**
| *Chorus 3* | Oh all around, sound of breaking glass,
| | **Am**   **G**
| | Nothing new, sound of breaking glass,
| | **Am**   **G**   **N.C.**
| | Safe at last sound of breaking glass.

| | **G**
| *Verse 3* | I love the sound of breaking glass,
| | **C**
| | Deep into the night.___
| | **G**
| | I love the work on it can do,
| | **C**
| | Oh, a change of mind.

| | **Am**
| *Chorus 4* | Oh, change of mind,
| | **G**
| | Sound of breaking glass,
| | **Am**   **G**
| | All around, sound of breaking glass,
| | **Am**   **G**
| | Nothing new, sound of breakIng glass,
| | **Am**   **G**
| | Breaking glass, sound of breaking glass.

| | **Am**   **G**
| *Outro* | ‖: Sound of breaking glass. :‖ *Repeat to fade*

If I Were A Carpenter

Words & Music by Tim Hardin

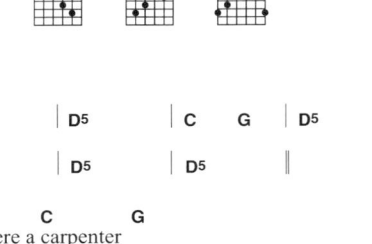

Intro |: D5 | D5 | C G | D5   :|
            | D5 | D5 | D5 ||

Verse 1
D5   C   G
If I were a carpenter
            D5
And you were a lady,
                    C   G
Would you marry me anyway?
              D5
Would you have my baby?
            C   G
If a tinker were my trade,
              D5
Would you still find me?
            C   G
Carrying the pots I made,
            D5   C G D5
Following be - hind me.

Chorus 1
    C   D5
   Save my love through loneliness,
    C   D5
   Save my love for sorrow.
            C   G
I've given you my onlyness,
                    D5
Come and give me your to - morrow.

Verse 2
      D5   **C**   **G**
If I worked my hands in wood,
        D5
Would you still love me?
       C   **G**
Answer me babe, "Yes I would,
         D5
I would put you a - bove me."
   C   **G**
If I were a miller
       D5
And a mill wheel grinding,
         C   **G**
Would you miss your coloured blouse
        D5
And your soft shoe shining?

Instrumental | D5 | C G | D5 | C | G |

| D5 | D5 | C | G | D5 |

Verse 3
D5 **C**   **G**
If I were a carpenter
      D5
And you were a lady,
        C   **G**
Would you marry me anyway?
     D5
Would you have my baby?
        C   **G**
Would you marry me anyway?
     D5
Would you have my baby?

Outro | D5 | C | G | D5 |

In The Air Tonight

Words & Music by Phil Collins

Dm   C   B♭

Intro | Dm   C | B♭   C | Dm   C | B♭   C ||

Chorus 1
```
Dm            C              B♭       C
I can feel it coming in the air tonight, oh Lord,
Dm                      C              B♭         C
And I've been waiting for this moment for all of my life, oh Lord.
Dm           C              B♭       C        Dm
Can you feel it coming in the air tonight, oh Lord, oh Lord.
```

Verse 1
```
Dm
Well if you told me you were drowning
 C
I would not lend a hand.
  B♭
I've seen your face before, my friend,
  C
But I don't know if you know who I am.
   Dm
Well, I was there and I saw what you did,
C
Saw it with my own two eyes,
   B♭
So you can wipe off that grin, I know where you've been,
  C
It's all a pack of lies.
```

Chorus 2
```
Dm           C              B♭       C
I can feel it coming in the air tonight, oh Lord,
Dm                      C              B♭         C
And I've been waiting for this moment for all of my life, oh Lord.
Dm           C              B♭       C
I can feel it coming in the air tonight, oh Lord,
Dm                      C              B♭        Dm
And I've been waiting for this moment for all of my life, oh Lord.
```

© Copyright 1981 Philip Collins Limited.
Imagem Music.
All Rights Reserved. International Copyright Secured.

Verse 2
      Dm
Well I remember, I remember, don't worry,
C   **B♭**
How could I ever forget the first time,
            C
The last time we ever met.
   Dm
But I know the reason why you keep the silence up,
C
No you don't fool me.
 B♭
The hurt doesn't show, but the pain still grows,
     Dm
It's no stranger to you or me.

Chorus 3
Dm   **C**   **B♭**   **C**
I can feel it coming in the air tonight, oh Lord,
Dm   **C**   **B♭** **C**
And I've been waiting for this moment for all of my life, oh Lord.
Dm   **C**   **B♭**   **C**
I can feel it in the air tonight, oh Lord, oh Lord,
Dm   **C**   **B♭** **Dm**
And I've been waiting for this moment for all of my life, oh Lord.

Coda
Dm   **C**   **B♭**   **C**
I can feel it coming in the air tonight, oh Lord,
Dm   **C**   **B♭** **C**
Well I've been waiting for this moment all of my life, oh Lord.
Dm   **C**   **B♭**   **C**
I can feel it in the air tonight, oh Lord, oh Lord, oh Lord
Dm   **C**   **B♭** **C**
And I've been waiting for this moment for all of my life, oh Lord.

To fade

Jolene

Words & Music by Dolly Parton

Am   C   G

Capo fourth fret

Intro | Am | Am | Am | Am ||

Chorus 1
   Am   C   G   Am
Jolene, Jolene, Jolene, Jolene
G   **Am**
I'm begging of you please don't take my man.
    C   G   Am
Jolene, Jolene, Jolene, Jolene
G   **Am**
Please don't take him just because you can.

Verse 1
  Am   C
Your beauty is beyond compare,
  G   Am
With flaming locks of auburn hair,
  G   **Am**
With ivory skin and eyes of emerald green.
           C
Your smile is like a breath of spring,
  G   Am
Your voice is soft like summer rain,
  G   **Am**
And I cannot compete with you, Jolene.

Verse 2
  Am   C
He talks about you in his sleep
      G   Am
And there's nothing I can do to keep
  G   **Am**
From crying when he calls your name, Jolene.

© 1973 VELVET APPLE MUSIC - All Rights Reserved –
Used by Permission of Carlin Music Corp., London, NW1 8BD -
for the WORLD excluding , Scandinavia, Australia and New Zealand,
Japan, South Africa, Canada and the United States of America.

	C
cont.	And I can easily understand

                  G   Am
How you could easily take my man

          G   Am
But you don't know what he means to me, Jolene.

Chorus 2

      Am   C   G   Am
Jolene, Jolene, Jolene, Jolene

   G   Am
I'm begging of you please don't take my man.

            C   G   Am
Jolene, Jolene, Jolene, Jolene

G   Am
Please don't take him just because you can.

Verse 3

Am   C
You could have your choice of men,

   G   Am
But I could never love again,

G   Am
He's the only one for me, Jolene.

               C
I had to have this talk with you,

  G   Am
My happiness depends on you

     G   Am
And whatever you decide to do, Jolene.

Chorus 3

      Am   C   G   Am
Jolene, Jolene, Jolene, Jolene

   G   Am
I'm begging of you please don't take my man.

            C   G   Am
Jolene, Jolene, Jolene, Jolene

G   Am
Please don't take him even though you can.

Jolene, Jolene.

Outro   ‖: Am | Am | Am | Am   :‖ *Repeat to fade*

Just My Imagination (Running Away With Me)

Words & Music by Norman J. Whitfield & Barrett Strong

Chords: C, Dm7, G7

Intro

| C | C | C | C |

| C | Dm7 | C | Dm7 ||
    Ooh,_____ ooh.

Verse 1
```
            C                      Dm7                  C   Dm7
Each day through my window I watch her as she passes by,
    C              Dm7        C       Dm7
I say to myself, you're such a lucky guy.
      C             Dm7        C                  Dm7
  To have a girl like her is truly a dream come true,
        C              Dm7                  C             Dm7
Out of all of the fellas in the world she belongs to me.
```

Chorus 1
```
    (Dm7)    C                    Dm7
But it was just my imagination
   C                Dm7
Running away with me.
           C            Dm7
It was just my imagina - tion
           C            Dm7
Running a - way with me.
```

Verse 2
```
   C          Dm7              C          Dm7
  Soon we'll be married and raise a family,
   C            Dm7                    C                Dm7
A cozy little home out in the country with two children, maybe three.
         C  Dm7           C         Dm7
I tell you, I_____ can visua - lise it all,
          C             Dm7               C       Dm7
This couldn't be a dream for too real it all   seems.
```

© Copyright 1970 (Renewed 1998) Jobete Music Co., Inc.
All Rights Controlled and Administered by EMI Blackwood Music Inc.
on behalf of Stone Agate Music (A Division of Jobete Music Co., Inc.)
All Rights Reserved. International Copyright Secured.

	(Dm7) C Dm7
Chorus 2	But it was just my imagination, once again

```
          (Dm7)    C                    Dm7
Chorus 2  But it was just my imagination, once again
          C                  Dm7
          Running away with me.
                      C              Dm7
          I tell you it was just my imagina - tion
                      C          Dm7
          Running a - way with me.

          C
Bridge    Every night, on my knees I pray,

          Dear Lord, hear my plea,

          Don't ever let another take her love from me
                G7
          Or I will surely die.
                          C
          Ooh, her love is   heavenly,

          When her arms enfold me

          I hear a tender rhapsody.

          But in reality, she doesn't even know me.

          C                   Dm7
Chorus 3  Just my imagination, once again
          C                  Dm7
          Running away with me.
                         C               Dm7
          Oh, I tell you it was just my imagina - tion
                       C
          Running a - way with me.
          Dm7
          I never met her but I can't forget her.
          C                        Dm7
          Just my imagination, ooh, yeah, yeah, yeah, yeah,
          C
          Running away with me
          Dm7  C            Dm7
          Ooh, just my imagina - tion
                       C
          Running a - way with me.   To fade
```

LDN

Words & Music by Iyiola Babalola, Darren Lewis,
Lily Allen & Arthur 'Duke' Reid

Intro ‖: F | C7 | F | C C7 C :‖

Verse 1
F   C
Riding through the city on my bike all day,
        F   C   C7 C
'Cause the filth took away my license.
    F   C
It doesn't get me down and I feel okay,
           F   C   C7 C
'Cause the sights that I'm seeing are priceless.
F   C
Everything seems to look as it should,
   F   C   C7 C
But I wonder what goes on be - hind doors.
  F   C
A fella looking dapper and he's sitting with a slapper,
       F   C   C7 C
Then I see it's a pimp and his crack whore.

Pre-chorus 1
F   C   F   C   C7 C
You might laugh, you might frown
F   C   F   C   C7 C
Walk - ing 'round London town.

	F C
Chorus 1	Sun is in the sky, oh why, oh why
	F C C7 C
	Would I wanna be anywhere else?

Chorus 1
```
F                      C
Sun is in the sky, oh why, oh why
       F              C     C7 C
Would I wanna be anywhere else?
F                      C
Sun is in the sky, oh why, oh why
       F              C     C7 C
Would I wanna be anywhere else?
F                C    F                 C    C7 C
 When you look with your eyes   everything seems nice,____
F            C    F              C    C7 C
 But if you look twice   you can see it's all lies.____
```

Verse 2
```
(C7)  (C)  F                          C
There was a little old lady who was walking down the road,
            F                      C
She was struggling with bags from Tesco.
C7 C       F                          C
   There were people from the city having lunch in the park,
       F              C
I be - lieve that it's called al fresco.
C7 C      F                 C
   When a kid came along to offer a hand,
          F                      C
But be - fore she had time to ac - cept it,
C7 C      F                       C
   Hits her over the head, doesn't care if she's dead,
              F                    C    C7 C
'Cause he's got all her jewelry and wallet.
```

Pre-chorus 2   As Pre-chorus 1

Chorus 2   As Chorus 1

Bridge
```
F   C              F
Life,  yeah, that's city life,
C     C7  C  F  C                F    C C7 C
  Yeah, that's city life,   yeah, that's city life.
F   C              F
Life,  yeah, that's city life,
C     C7  C  F  C                F    C C7 C
  Yeah, that's city life,   yeah, that's city life.
```

Chorus 3

    F   C
Sun is in the sky, oh why, oh why
       F   C   C7 C
Would I wanna be anywhere else?
F   C
Sun is in the sky, oh why, oh why
       F   C   C7 C
Would I wanna be anywhere else?
F   C
Sun is in the sky, oh why, oh why
       F   C   C7 C
Would I wanna be anywhere else?
F   C
Sun is in the sky, oh why, oh why
       F   C   C7 C
Would I wanna be anywhere else?
F   C   F   C   C7 C
  When you look with your eyes   everything seems nice,_____
F   C   F   C   C7 C
  But if you look twice   you can see it's all lies._____
F   C   F   C   C7 C
  When you look with your eyes   everything seems nice,_____
F   C   F   C   C7 C
  But if you look twice   you can see it's all lies._____

Outro ||: F | C7 | F | C C7 C :|| *Play 4 times ad lib.*

Love Me Do

Words & Music by John Lennon & Paul McCartney

G   C   D

Intro

| G | C | G | C |

| G | C | G | G ||

Chorus 1
G   C
Love, love me do,
    G   C
You know I love you.
    G   C
I'll always be true,

So please____
N.C.   G   C   G   C
Love me do,___ oh, love me do.

Chorus 2
         G   C
As Chorus 1

Bridge
D
Someone to love,
C   G
Somebody new.
D
Someone to love,
C   G
Someone like you.

Chorus 3   As Chorus 1

Solo

||: D | D | C | G :||

| G | G | G | G (D) ||

Chorus 4   As Chorus 1

Outro
              G   C
||: Yeah, love me do,

         G   C
Oh, love me do.   :|| *Repeat to fade*

© Copyright 1962 (Renewed) MPL Communications Ltd.
Administered by MPL Music Publishing, Inc.
All Rights Reserved. International Copyright Secured.

Little Star

Words & Music by Stina Nordenstam

Bbsus2   C   F

Verse 1

    N.C.   **Bbsus2**
Little star,_____
  C
So you had to go.
F   **C**   **Bbsus2**
  You must have wanted him to know,
F   **C**   **Bbsus2**
  You must have wanted the world to know.
  F   **C**
Poor little thing,
Bbsus2   **F** **C** **Bbsus2**
  And now they know.

Verse 2

    N.C.   **Bbsus2**
Little star,_____
  C
I had to close my eyes.
F   **C**   **Bbsus2**
  There was a fire at the warehouse,
F   **C**   **Bbsus2**
  They're always waiting for a thing like this.
F   **C**   **Bbsus2**
  Came driving from all over town
  F **C**   **Bbsus2**
For you,___ little star.

Instrumental 1 | Bbsus2 | Bbsus2 | C | C |
| F C | Bbsus2 | F C | Bbsus2 |
| F C | Bbsus2 | F C | Bbsus2 ||

© Copyright 1993 Telegram Publishing.
Chrysalis Music Ltd, a BMG Chrysalis company.
All Rights Reserved. International Copyright Secured.

Verse 3
        N.C.   **B♭sus2**
        Little star,_____

          C
        So you had to go.

      F   **C**   **B♭sus2**
        You must have wanted him to know,

      F   **C**   **B♭sus2**
        You must have wanted the world to know.

          F   **C** **B♭sus2**
        Poor little thing.

          F   **C** **B♭sus2**
        And now they know.

Instrumental 2 ‖: **F** **C** | **B♭sus2** | **F** **C** | **B♭sus2** :‖ *Play 3 times*
               With vocal backing

Coda
          F   **C**
        For you,____

          B♭sus2 **F** **C** **B♭sus2** **F** **C** **B♭sus2**
        Little star.

Long Tall Sally

Words & Music by Enotris Johnson, Richard Penniman & Robert Blackwell

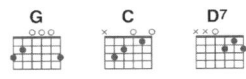

Verse 1
    G
I'm gonna tell Aunt Mary 'bout Uncle John,

He said he had the mis'ry but he got a lot of fun.
C   **G**   **D7**   **C**
Oh baby, yeah baby, wo-oo-oo baby,
      G
Some fun tonight.

Verse 2
  G
I saw Uncle John with Long Tall Sally,

He saw Aunt Mary coming and he jumped back in the alley.
C   **G**   **D7**   **C**
Oh baby, yeah baby, wo-oo-oo baby,
      G
Some fun tonight.

Instrumental 1 | G | G | G | G |
| C | C | G | G |
| D7 | C | G | G D7 ||

Verse 3
   G
Well Long Tall Sally's built pretty sweet,

She got everything that Uncle John needs.
C   **G**   **D7**   **C**
Oh baby, yeah baby, wo-oo-oo baby,
      G
Some fun tonight.

© Copyright 1956 Venice Music Corporation, USA.
Peermusic (UK) Limited.
All Rights Reserved. International Copyright Secured.

Instrumental 2 | G | G | G | G |
| C | C | G | G |
| D7 | C | G | G D7 ‖

Coda
        G
We're gonna have some fun tonight,

Have some fun tonight,
C
Everything's all right,
G
Have some fun tonight,
D7   C G   D7
Have some fun, yeah, yeah, yeah.
        G
We're gonna have some fun tonight,

Have some fun tonight,
C
Everything's all right,
G
Have some fun tonight,
      D7   C   G
Yeah we'll have some fun, some fun tonight.

Louie, Louie

Words & Music by Richard Berry

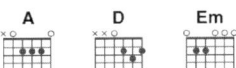

To match original recording tune guitar slightly flat

Intro | A D | Em D | A D | Em D ‖

Chorus 1
A　　　D　Em　D
Louie Louie,　oh no,
A　　　D　Em　　　D
We gotta go,　yeah, ___ I said-a,
A　　　D　Em　　D
Louie Louie,　oh baby,
A　　　D Em D
We gotta go.

Verse 1
　A　　　D　　Em　　D
A fine little girl, she wait for me.
　A　　D　　Em　　D
Me catch a ship across the sea,
　A　　D　　Em　D
Me sail a ship out all alone,
　A　　　D　　　Em　　D
Me never think how I'll make it home.

Chorus 2 As Chorus 1

Verse 2
　　A　　　D　　Em　　D
Three nights and days I sailed the sea,
　A　　D　Em　　　D
I think of girl, oh, constantly.
　A　　D　　Em　　　D
Oh, on that ship I dream she there,
　A　　D　　Em　　D
I smell the rose, ah,　in her hair.

Chorus 3

    A   **D**   **Em**   **D**
Louie Louie,   oh no,

    A   **D**   **Em**   **D**
We gotta go,   yeah, __ I said-a,

    A   **D**   **Em**   **D**
Louie Louie,   oh baby,   I said-a

    A
We gotta go.

D Em   **D**
  Okay, let's give it to them! Right now!

Guitar solo   ‖: **A** **D** | **Em** **D** | **A** **D** | **Em** **D** :‖ *Play 4 times*

| **A** **D** | **Em** **D** ‖

Verse 3

     A   **D**   **Em**   **D**
Me see Jamaican moon above,

    A   **D**   **Em**   **D**
It won't be long me see me love.

     A   **D**   **Em**   **D**
Me take her in my arms and then

   A   **D**   **Em**   **D**
I tell her I'll never leave again.

Chorus 4

A   **D**   **Em**   **D**
Louie Louie,   oh no,

A   **D**   **Em**   **D**
We gotta go,   yeah, __ I said-a,

A   **D**   **Em**   **D**
Louie Louie,   oh baby,   I said-a

A   **D Em D**
We gotta go.

Coda

     A   **D Em D**
I said, we gotta go now,

| **A** **D** | **Em** **D** | **A**   ‖
                Let's go.

Lumberjack Song

Words & Music by Fred Tomlinson, Michael Palin & Terry Jones

Intro
N.C.
Well, the weather for the whole area will continue much the same as the past few days. Temperatures seventeen centigrade, that's forty-nine fahrenheit. Winds will freshen later tonight to south-west, force six or seven. And there will be showers, sometimes heavy in many... Oh sod it!
I didn't want to do this. I don't want to be a weather forecaster. I don't want to rabbit on all day about sunny periods and patches of rain spreading from the west.
I wanted to be... a lumberjack!

G D7   G
   Leaping from tree to tree
         D7   **G**   **D7**
As they float down the mighty rivers of British Columbia.
   G   **D7**
The Giant Redwood!
   G   **D7**
The Larch! The Fir!
G D7   **G**   **D7**
The mighty Scots Pine!
   G   **D7**
The lofty flowering Cherry!
   G   **D7**
The plucky little Aspen!

© Copyright 1969 Kay-Gee-Bee Music Ltd.
BMG VM Music Limited.
All Rights Reserved. International Copyright Secured.

cont.

    G   **D7**   **G**   **D7**
The limping Rude tree of Ni - geria!
     G   **D7**
The towering Wattle of Aldershot!
G   **D7**   **G**   **D7**
The Maidenhead creeping water plant!
     G   **D7**
The naughty Leicestershire flashing Oak!
D7   **G**
The flatulent Elm of West Ruislip!
    D7   **G**   **D7**
The quercus maximus Bamber Gascoigneii!
      G   **D7**   **G**   **D7**
The a - vunculus la - barta Hughious Greenus.
        G   **D7**
With my best buddy by my side,
   G   **D7**
We'd sing, sing, sing!

Chorus 1

G   **C**
I'm a lumberjack and I'm okay,
D7   **G**
I sleep all night and I work all day.
         C
He's a lumberjack and he's okay,
D7   **G**
He sleeps all night and he works all day.

Verse 1

G   **C**
I cut down trees, I eat my lunch,
D7   **G**
I go to the lavato - ry.
        C
On Wednesdays I go shopping
    D7   **G**
And have buttered scones for tea.
          C
He cuts down trees, he eats his lunch.
D7   **G**
He goes to the lavato - ry.
        C
On Wednesdays he goes shopping
   D7   **G**
And has buttered scones for tea.

	G C
Chorus 2	I'm a lumberjack and I'm okay,
	D7 G
	I sleep all night and I work all day.

	G C
Verse 2	I cut down trees, I skip and jump,
	D7 G
	I like to press wild flowers.
	C
	I put on women's clothing
	D7 G
	And hang around in bars.
	C
	He cuts down trees, he skips and jumps,
	D7 G
	He likes to press wild flowers.
	C
	He puts on women's clothing
	D7 G
	And hangs around in bars(?)

	G C
Chorus 3	I'm a lumberjack and I'm okay,
	D7 G
	I sleep all night and I work all day.

	G C
Verse 3	I cut down trees, I wear high heels,
	D7 G
	Sus - pendies and a bra.
	C
	I wish I'd been a girlie
	D7 G
	Just like my dear papa.
	C
	He cuts down trees, he wears high heels
	D7 G
	Sus - penders? And a bra?… *(ad lib. shock and disgust)*

	G C
Chorus 4	He's a lumberjack and he's okay,
	D7 G
	He sleeps all night and he works all day.
	C
	He's a lumberjack and he's o - kay,_____
	D7 G
	He sleeps all night and he works all day.

One In Ten

Words & Music by UB40

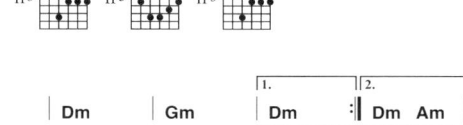

Intro ‖: Gm | Dm | Gm |1. Dm   :‖2. Dm Am ‖

‖: Gm | Dm | Gm |1. Dm   :‖2. Dm Am ‖
w/saxophones

Chorus 1
   Gm   Dm
   I am the one in ten,

A number on a list.
Gm   **Dm**
   I am the one in ten,
                      Gm
Even though I don't e - xist.
     Dm
Nobody knows me,
             Gm
But I'm always there,
               Dm
A statistic, a re - minder,
               Am **Gm**
Of a world that doesn't care.

Link 1 | (Gm) | Dm | Gm | Dm |

| Gm | Dm | Gm | Dm Am ‖

© Copyright 1981 Dep International Limited (PRS).
Universal SRG Music Publishing Limited.
All Rights Reserved. International Copyright Secured.

Verse 1
    Gm
My arms enfold the dole queue,
      Dm
Malnu - trition dulls my hair.
  Gm
My eyes are black and lifeless,
    Dm
With an underprivileged stare.
  Gm
I'm the beggar on the corner,
  Dm
Will no-one spare a dime?
  Gm
I'm the child that never learns to read,
Dm   **Am**   **Gm**
  'Cause no-one spared the time.

Chorus 2   As Chorus 1

Link 2   As Link 1

Verse 2
  Gm
I'm the murderer and the victim,
  Dm
The licence with the gun.
  Gm
I'm a sad and bruised old lady,
  Dm
In an alley in a slum.
  Gm
I'm a middle aged businessman,
  Dm
With chronic heart disease.
  Gm
I'm an - other teenage suicide,
Dm   **Am**   **Gm**
  In a street that has no trees.

Chorus 3   As Chorus 1

Link 3   As Link 1

Verse 3

        Gm
I'm a starving third world mother,
       Dm
A refu - gee without a home.
      Gm
I'm a housewife hooked on valium,
     Dm
I'm a pensioner alone.
     Gm
I'm a cancer ridden spectre,
     Dm
That's covering the earth.
       Gm
I'm an - other hungry baby,
  Dm   **Am**   **Gm**
I'm___ an acci - dent of birth.

Chorus 4   As Chorus 1

Link 4   As Link 1

Chorus 5

Gm   **Dm**
  I am the one in ten,

A number on a list.
Gm   **Dm**
  I am the one in ten,
               Gm
Even though I don't e - xist.
     Dm
Nobody knows me,
        Gm
But I'm always there.
            Dm   **N.C.**
A statistic, a re - minder,

Of a world that doesn't care.

Outro   ‖: **Gm** | **Dm** | **Gm** | **Dm** :‖ *Repeat to fade*

Mustang Sally

Words & Music by Bonny Rice

C7   F7   G7

Intro	C7	C7	C7	C7	

Verse 1

C7
Mustang Sally, huh, huh,

Guess you better slow your Mustang down.

Oh Lord, what I say now.

F7
Mustang Sally, now baby, oh Lord,

C7
Guess you better slow your Mustang down.

Huh, oh yeah.

G7   F7
You been runnin' all over town, now,

N.C.   C7
Oh, I guess I have to put your flat feet on the ground.

Ha, what I said, now, listen.

Chorus 1

C7
All you wanna do is ride around Sally.

(Ride Sally, ride)

All you wanna do is ride around Sally.

(Ride Sally, ride)
F7
All you wanna do is ride around Sally.

(Ride Sally ride) huh.

© Copyright 1965 (Renewed 1993) Fourteenth Hour Music and Springtime Music Inc.
All Rights for the World excluding the U.S. and Canada Controlled and Administered by EMI Music Publishing Ltd.
All Rights Reserved. International Copyright Secured.

cont.

C7
All you wanna do is a-ride around Sally, oh Lord.

(Ride Sally ride)

Well, listen here.
G7　　　　　　　　　　　　**F7**
One of these early mornings, yeah,
N.C.　　　　　　　　　　　**C7**
Wow, gonna be wiping your weeping eyes, huh.

What I said, now, look-a-here,

Verse 2

C7
I bought you a brand new Mustang,

A nineteen sixty-five, huh.

Now you come around, signifying woman

You don't wanna let me ride.
F7
Mustang____ Sally, now baby, oh Lord,
　　　　　　　　　　　　　　　　　　C7
Guess you better slow that Mustang down, huh, oh Lord.
　　　　　　　　G7　　　　　　　**F7**
Listen, you been running all over town.
N.C.　　　　　　　　　　　　　**C7**
Ow, I got to put your flat feet on the ground, huh.

What I said now, yeah.

Let me say it one more time y'all.

Chorus 2

C7
Now, all you wanna do is ride around Sally.

(Ride Sally ride)

All you wanna do is ride around Sally.

(Ride, Sally ride)　*To fade*

No Depression

Words & Music by A.P. Carter

C F G

Intro |C |C F C |C |F |F |C |C |
          |C |C F C |C |G |G |C |C ||

Verse 1
          C   F   C
Oh fear the hearts of men are failing
      F   C
These our latter days we know
               F C
The great depression now is spreading
        G   C
God's word declared it would be so.

Chorus 1
        C   F C
I'm going where there's no depression
     F   C
To a better land that's free from care
         C   F C
I'll leave this world of toil and trouble
    G
My home's in Heaven
  C
I'm going there.

Instrumental |C |C F C |C |F |F |C |C |
                 |C |C F C |C |G |G |C |C ||

© Copyright 1936 Peer International Corporation, USA.
Peermusic (UK) Limited.
All Rights Reserved. International Copyright Secured.

Verse 2
      C   F   C
In this dark hour, midnight nearing
   F   C
The tribulation time will come
                   F   C
The storms will hurl the midnight fear
            G   C
And sweep lost millions to their doom.

Chorus 2
        C   F   C
I'm going where there's no depression
    F   C
To a better land that's free from care
          C   F   C
I'll leave this world of toil and trouble
         G
My home's in Heaven
   C
I'm going there.

Chorus 3
        C   F   C
I'm going where there's no depression
    F   C
To a better land that's free from care
          C   F   C
I'll leave this world of toil and trouble
         G
My home's in Heaven
   C
I'm going there.

Chorus 4
        C   F   C
I'm going where there's no depression
    F   C
To a better land that's free from care
          C   F   C
I'll leave this world of toil and trouble
         G
My home's in Heaven
   C   F C G C
I'm going there.

Not Fade Away

Words & Music by Charles Hardin & Norman Petty

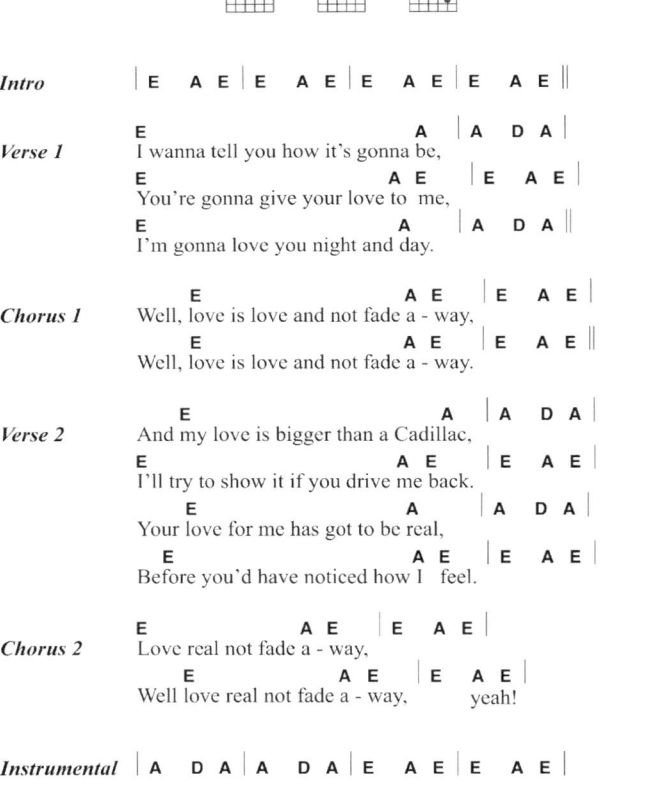

Intro	| E A E | E A E | E A E | E A E ||

Verse 1
```
          E                    A   | A  D |
          I wanna tell you how it's gonna be,
          E                   A E  | E  A E |
          You're gonna give your love to me,
          E                    A   | A  D ||
          I'm gonna love you night and day.
```

Chorus 1
```
              E              A E  | E  A E |
              Well, love is love and not fade a - way,
              E              A E  | E  A E ||
              Well, love is love and not fade a - way.
```

Verse 2
```
          E                       A   | A  D |
          And my love is bigger than a Cadillac,
          E                      A E  | E  A E |
          I'll try to show it if you drive me back.
          E                     A   | A  D |
          Your love for me has got to be real,
          E                       A E  | E  A E |
          Before you'd have noticed how I  feel.
```

Chorus 2
```
              E        A E  | E  A E |
              Love real not fade a - way,
              E            A E  | E  A E |
              Well love real not fade a - way,   yeah!
```

Instrumental `| A  D A | A  D A | E   A E | E   A E |`

`| A  D A | A  D A | E   A E | E   A E | E   A E ||`

© 1957 MPL Communications Inc.
Peermusic (UK) Limited.
All Rights Reserved. International Copyright Secured.

Verse 3

     E   **A** | **A**   **D** **A** |
I wanna tell you how it's gonna be,
     E   **A E** | **E**   **A E** |
You're gonna give your love to me,
     E   **A** | **A**   **D** **A** ||
Love that lasts more than one day.

Chorus 3

       E   **A E** | **E**   **A E** |
Well love is love and not fade a - way,
       E   **A E** | **E**   **A E** |
Well love is love and not fade a - way,
       A   **E** | **A**   **E** |
Well love is love and not fade a - way,
      E   **A**   **E** | **E A E A E** |
Well love is love and not fade a - way,
    A **E**   **A E**
Not fade away.   *Fade out*

On The Road Again

Words & Music by Allen Wilson & Floyd Jones

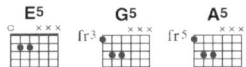

Fade in

Intro | (Em) | (Em) | (Em) | (Em) | (Em) |

| E5 | E5 | E5 G5 A5 | E5 ||
                              Well I'm...

Verse 1
(E5)
So tired of crying, but I'm out on the road again,
     G5 A5 E5
I'm on the road again.
(E5)
Well, I'm so tired of crying, but I'm out on the road again,
     G5 A5 E5
I'm on the road again.
    (E5)   **G5 A5 E5**
I ain't got no woman just to call my special friend.
      (E5)
You know the first time I travelled out in the rain and snow,
  G5 A5 E5
In the rain and snow.
      (E5)
You know the first time I travelled out in the rain and snow,
  G5 A5 E5
In the rain and snow.
    (E5)   **G5 A5 E5**
I didn't have no payroll, not even no place to go.
    (E5)
And my dear mother left me when I was quite young,
  G5 A5 E5
When I was quite young.
    (E5)
And my dear mother left me when I was quite young,
  G5 A5 E5
When I was quite young.
    (E5)   **G5 A5 E5**
She said "Lord, have mercy on my wicked son."

© Copyright 1968 Embassy Music Corporation/EMI Unart Catalog Incorporated.
EMI United Partnership Limited.
All Rights Reserved. International Copyright Secured.

Instrumental ‖: (E5) | (E5) | E5 G5 A5 | (E5)   :‖

| E5 | E5 | E5 G5 A5 | E5 |
                                                Take a...

Verse 2
    (E5)
Hint from me, mama, please don't you cry no more,
      G5 A5 E5
Don't you cry no more.
      (E5)   G5 A5 E5
Take a hint from me, mama, please don't you cry no more,
      G5 A5 E5
Don't you cry no more.
      (E5)   G5 A5 E5
'Cause it's soon one morning down the road I'm going.
    (E5)
But I ain't going down that long old lonesome road,
 G5 A5   E5
All by myself.
    (E5)
But I ain't going down that long old lonesome road,
 G5 A5   E5
All by myself.
    (E5)   G5 A5 E5
I can't carry you baby, gonna carry somebody else.

Outro ‖:E5 | E5 | E5 G5 A5 | E5   :‖
                                            Repeat to fade

One Bourbon, One Scotch, One Beer

Words & Music by John Lee Hooker

Intro | G7 | G7 | G7 | G7 |
   | C7 | C7 | G7 | G7 |
   | D7 | C7 | G7 | G7 |

Chorus 1
     G7
One bourbon, one scotch, and one beer.
     C7   **G7**
One bourbon, one scotch, and one beer.
    D7
Hey mister bartender,
C7   **G7**
Come here I want another drink and I want it now.

Verse 1
My baby she gone, she been gone two night,

I ain't seen my baby since night before last.
    C7   **G7**
One bourbon, one scotch, and one beer.
       D7   **C7**   **G7**
And then I sit there, gettin' high,   mellow, knocked out.

Verse 2
                                         C7
Feeling good, and by the time I looked on the wall,

At the old clock on the wall,
  G7
By that time, it was ten thirty daddy.
D7   **C7**   **G7**
  I looked down the bar, at the bartender, he said,

© Copyright 1966 Arc Music Corporation, USA.
Tristan Music Limited.
All Rights Reserved. International Copyright Secured.

Chorus 2   One bourbon, one scotch, and one beer.
                        C⁷

                 G⁷
          Well, my baby she gone, she been gone two night,
                    D⁷
          I ain't seen my baby since night before last,
          C⁷   **G⁷**
          I wan - na get drunk till I'm off of my mind,

          One bourbon, one scotch, and one beer.

Verse 3
                C⁷
          And I sat there,   gettin' high,
          G⁷   **D⁷**
          Stoned, knocked out, and   by the time
          C⁷   **G⁷**
          I looked on the wall, at the old clock again.

Verse 4   And by that time, It was a quarter to two,
              C⁷
          Last call for alcohol, I said,
                 G⁷   **D⁷**
          "Hey mister barten - der," he said, "What do you want?"
          C⁷   **G⁷**
          One bourbon, one scotch, and one   beer.

Outro   One bourbon, one scotch, and one beer.
          C⁷   **G⁷**
          One bourbon, one scotch, and one beer. *To fade*

Paper Planes

Words & Music by Mick Jones, Joe Strummer, Paul Simonon,
Topper Headon, Thomas Pentz & Mathangi Arulpragasam

D **A** **G**

Intro | D | D   A |
           | G | G |

Verse 1
        D
‖: I fly like paper, get high like planes,
                                      A
If you catch me at the border I got visas in my name.
  G
If you come around here, I make 'em all day,

I get one down in a second if you wait. :‖

  D
‖: Sometimes I feel sitting on trains,
                                A
Every stop I get to I'm clocking that game.
G
Everyone's a winner now we're making our fame,

Bona fide hustler making my name. :‖

Chorus 1
    D
‖: All I wanna do is (BANG! BANG! BANG! BANG!)

And... (KER-CHING!)
           A
And take your mon - ey.
G
All I wanna do is (BANG! BANG! BANG! BANG!)

And... (KER-CHING!)
          A
And take your mon - ey. :‖

© Copyright 2007 Zomba Music Publishers Limited/Nineden Limited/Hollertronix/I Like Turtles Music.
Universal Music Publishing Limited/Imagem London Limited/Songs Music Publishing LLC.
All Rights Reserved. International Copyright Secured.

Verse 2

|:**D**
Pirate skulls and bones,

A
Sticks and stones and weed and bombs.
G
Running when we hit 'em,

Lethal poison for their system. :|

|:**D**
No one on the corner has swag like us,

A
Hit me on my banner prepaid wire - less.
G
We pack and deliver like UPS trucks,

Already going hell, just pumping that gas. :|

Chorus 2 As Chorus 1

Verse 3

D
  M.I.A., third world democracy,
  A   **G**
Yeah, I got more records than the K.G.B.

So, uh, no funny business,

Are you all ready?
D
Some, some, some, a-some I murder,
              A
Some, a-some I let go.
G
Some, some, some, a-some I murder,

Some, a-some I let go.

Chorus 3 As Chorus 1

Outro

| D | | D | A | |
| G | | G | | |

Pretty Flamingo

Words & Music by Mark Barkan

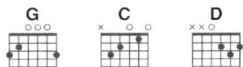

Intro | G C | G C | G C | G C ‖

Verse 1
    (C)   **G**   **C**   **G**   **C**   **G**
On our block all of the guys call her Fla - mingo,
C   **D**   **G**
'Cause her hair glows like the sun
C   **D**   **G**   **C**   **G**
And her eyes can light the skies.

Verse 2
C   **G**   **C**   **G**   **C**   **G**
When she walks, she moves so fine like a fla - mingo,
C   **D**   **G**
Crimson dress that clings so tight,
      C   **D**
She's out of reach and out of sight.

Bridge 1
G   **C**
When she walks by
    D   **G**
She brightens up the neighbourhood.
      C   **D**
Oh, every guy would make her his
  G   **D**
If he just could, if she just would.

© Copyright 1966 Embassy Music Corporation.
Chester Music Limited trading as Campbell Connelly & Co.
All Rights Reserved. International Copyright Secured.

Verse 3

|D　　　　　G　C　　　　　　　G　　C　　　　　G|
Some sweet day I'll make her mine, pretty Fla - mingo,
　　　　　　C　　D　　　G
Then every guy will envy me,
　　　　　　C　　　D　　G　　　C G C
'Cause para - dise is where I'll be.

Instrumental

G C G C　　　　G　　C G C
　　　　Pretty Fla - mingo.
G C G C　　　　G　　C G
　　　　Pretty Fla - mingo.

Bridge 2　　As Bridge 1

Verse 4　　As Verse 3

Outro

C　　　G C　　　　G C　　　　　G　　C
Sha - la - la, la - la - la - la, pretty Fla - min - go,
　　　G　　　　　　C
Some day I'll make her mine,
G C　　G　　　　C　　　　　　　　G　　　C G
　　Yes I will, yes I will, I'll make her mine.　*To fade*

Real Wild Child (Wild One)

Words & Music by Johnny O'Keefe, Johnny Greenan & Dave Owens

Intro | A | A | A | A ||

Verse 1
       A
Well I'm just outta school,

Like, I'm real, real cool,

Gotta dance like a fool,

Get the message that
  D
I gotta be a wild one,
         (wild, wild child)
                A
Ooh yeah, I'm a wild one, (wild, wild child).
  E
Gonna break loose,
  D
Gonna keep it movin' wild,
  A
Gonna keep it swingin', baby,
  E
I'm a real wild child.

Guitar Solo 1 | A | A | A | A |
                    | D | D | A | A |
                    | E | D | A | E ||

© Copyright 1958 MPL Communications Incorporated, USA.
Peermusic (UK) Limited.
All Rights Reserved. International Copyright Secured.

Verse 2   **A**
Gonna meet all my friends,

Gonna have myself a ball,

Gonna tell my friends,

Gonna tell them all
D
That I'm a wild one, (wild, wild child)
A
Ooh yeah, I'm a wild one, (wild, wild child).
E
Gotta break loose,
D
Gotta keep it movin' wild,
A
Gotta keep it swingin', baby,
E
I'm a real wild child.

Guitar solo 2   As Guitar Solo 1

A

Verse 3   Well, I'm a real wild one

And I like wild fun.

In a world gone crazy,

Every - thing seems hazy.
D
I'm a wild one, (wild, wild child)
A
Ooh, I'm a wild one, (wild, wild child).
E
Gotta break loose,
D
Gotta keep it movin' wild,
A
Gotta keep it swingin', baby,
E
I'm a real wild child.

Guitar solo 3   As Guitar solo 1

Verse 4

A
Not a dame, not a lady,

I'm a real wild child.

Don't you doubt my baby

Or you'll start me running wild,
D
'Cause I'm a wild one, (wild, wild child),
A
Oh yeah, I'm a wild one, (wild, wild child).
E
Gotta break loose,
D
Gotta keep it movin' wild,
A
Gotta keep it swingin', baby.
E
I'm a real wild child.

Outro

A
  Wanna know my name?

I'm a wild child.

There's nothing tame about this tale.   *To fade*

Rhiannon

Words & Music by Stevie Nicks

```
  Am      F       C
```

Intro | Am | Am | F | F |
            | Am | Am | F | F |

Verse 1
    Am
Rhi - annon rings like a bell through the night
F
And wouldn't you love to love her,
Am
  Takes to the sky like a bird in flight
F
And who will be her lover?

Chorus 1
  C
    All your life you've never seen
F
Wo - man taken by the wind.
C
    Would you stay if she promised you Heaven,
F
  Will you ever win?

Verse 2
  Am
  She is like a cat in the dark,
F
And then she is the darkness.
Am
  She rules her life like a fine skylark
F
And when the sky is starless.

© Copyright 1975 Welsh Witch Music.
Kobalt Music Publishing Limited.
All Rights Reserved. International Copyright Secured.

Chorus 2

    C
All your life you've never seen
   F
Wo - man taken by the wind.
    C
Would you stay if she promised you Heaven,
F
Will you ever win,
F
Will you ever win?

Bridge

Am | Am F |Am
        Rhiannon,
  F Am
Rhian - non,
  F Am
Rhian - non,
  F
Rhiannon.

Verse 3

Am
She rings like a bell through the night
  F
And wouldn't you love to love her,
Am
She rules her life like a bird in flight
  F
And who will be her lover?

Chorus 3

    C
All your life you've never seen
   F
Wo - man taken by the wind.
    C
Would you stay if she promised you Heaven,
F
Will you ever win,
F
Will you ever win?

| F | F |

Bridge 2

          Am | **Am** **F** | **Am**
                       Rhiannon,

  F **Am**
Rhian - non,
  F **Am**
Rhian - non,
F   **Am**
Taken by, taken by the sky,
F   **Am**
Taken by, taken by the sky.
F   **Am**
Taken by, taken by the sky.

| **F** | **F** |

Guitar solo ||: **Am** | **Am** | **F** | **F** |
                  | **Am** | **Am** | **F** | **F** :||

Outro

  Am
||: Dreams unwind,

                   F
Love's a state of mind... :|| *Repeat to fade*

Rise

Words & Music by Bob Dylan, Gabrielle,
Ferdy Unger-Hamilton & Ollie Dagois

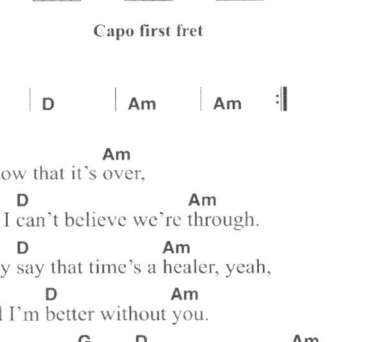

Capo first fret

Intro ‖: G | D | Am | Am   :‖

Verse 1
G   D   Am
I know that it's over,
G   D   Am
But I can't believe we're through.
G   D   Am
They say that time's a healer, yeah,
G   D   Am
And I'm better without you.
              G   D   Am
It's gonna take time I know, but I'll get over you.

Chorus 1
(Am)   G   D
Look at my life, look at my heart,
       Am
I have seen them fall apart,
      G   D   Am
Now I'm ready__ to rise a - gain.
              G   D
Just look at my hopes, look at my dreams,
         Am
I'm building bridges from these scenes,
      G   D   Am
Now I'm ready__ to rise a - gain.

© Copyright 1999 Ram's Horn Music/Chrysalis Music Limited/
Sony/ATV Music Publishing/Oliver Dagois.
All Rights Reserved. International Copyright Secured.

Link　　　| G　　| D　　| Am　　| Am　　|

Verse 2
　　　　G　　　D　　　Am
　　　Caught up in my thinking, yeah,
　　G　　　D　　　　Am
　　　Like a prisoner in my mind.
　　G　　　D　　　　　Am
　　　You pose so many questions,
　　G　　　D　　　　　　Am
　　　But the truth was hard to find.
　　　　　　　　G　　　D　　　　　　　　Am
　　　I better think twice, I know that I'll get over you.

Chorus 2　　As Chorus 1

Verse 3
　　G　　　D　　　　　　　Am
　　　Much time has passed be - tween us,
　　G　　　　D　　　　Am
　　　Do you still think of me at all?
　　G　　　D　　　　　　Am
　　　My world of broken promises,
　　G　　　　　　D　　　　　　　　Am
　　　Now you won't catch me when I fall.

Chorus 3　　As Chorus 1

Chorus 4
　　(Am)　　　　　　　G
　　I'm gonna make it all right.
　　　　　　　　　　　D　　　　　　　　Am
　　Yes, I'm gonna rise, gonna make it all right,
　　　　　　　　　　　　　　　G
　　I'm gonna be who I wanna be, yeah, baby.
　　　　D　　　Am
　　Yeah,__ yeah.__
　　　　　　　　　　　G
　　I'm gonna make it all right.
　　D　　　　　　　　Am
　　　I'm gonna make it all right.
　　　　　　　　　　　　G
　　I'm gonna make it all right.　　*To fade*

Rivers Of Babylon

Words & Music by Frank Farian, George Reyam,
Brent Dowe & James McNaughton

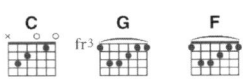

Intro

        C
(Ah ah ah ah, ah ah ah ah,
G   **C**
Ah ah ah ah, ah ah ah ah.)

Chorus 1

                   C
𝄆 By the rivers of Babylon there we sat down,
          G   **C**
Yeah we wept, when we remembered Zion. 𝄇

Verse 1

                C
𝄆 For the wicked carried us away in captivity,
   F   **C**
Require from us a song.

Now how shall we sing the Lord's song,
G   **C**
In a strange land? 𝄇

Instrumental As Intro

Verse 2

     C   **G**
𝄆 Let the words of our mouths,
            C   **G**
And the meditation of our hearts,
  C   **G**
Be acceptable in Thy sight,
  C
Here tonight. 𝄇

Chorus 2

                   C
𝄆 By the rivers of Babylon there we sat down,
          G   **C**
Yeah we wept, when we remembered Zion. 𝄇 *Repeat to fade*

© Copyright 1972, 1978 Far Musikverlag GmbH/Beverleys Records Limited.
Universal Music Publishing Limited/Sony/ATV Music Publishing.
All Rights Reserved. International Copyright Secured.

Roscoe

Words & Music by Tim Smith

Intro | G♯m | G♯m | G♯m | G♯m ‖

Verse 1
G♯m
Stonecutters made them from
F♯   E
Stones chosen specially for you and I,
    G♯m
Who will live inside.

The mountaineers gathered tender,
F♯   E
Piled high, in which to take a - long,
                               G♯m
Driving many miles, knowing they'd get here.

When they got here, all exhausted,
    F♯
On the roof leaks they got started.
 E   G♯
And now when the rain comes, we can be thankful.

Chorus 1
G♯   F♯   E
Ooh, ah, ooh, when the mountain - eers
                                        G♯m
Saw that ev'rything fit, they were glad and so they took off.
                F♯   E   G♯m
Thought we were de - void, a change or two around this place.
           F♯   E   G♯m
When they get back they're all mixed up with no one to stay with.

© Copyright 2006 Sony/ATV Music Publishing.
All Rights Reserved. International Copyright Secured.

Link 1

| G♯m | G♯m | F♯ | |
| F♯ | E | E ‖ |
(The village)

Verse 2

      G♯m
The village used to be all one really needs,
   F♯
Now it's filled with hundreds and hundreds of chemicals,
 E
That mostly sur - round you.
                                                       G♯m
You wish to flee, but it's not like you, so listen to me, listen to me.

Oh, oh, and when the morning comes, we will step outside,
 F♯
We will not find another man inside.
               E
We like the newness, the new - ness of all
                                  G♯m
That has grown in our garden soaking for so   long.

Whenever I was a child I wondered what if my name had changed
 F♯
Into something more productive like Roscoe,
     E   G♯m
Been born in eighteen ninety-one, waiting with my Aunt Rosaline.

Chorus 2

G♯m   F♯
Thought we were de - void,
     E   G♯m
A change or two around this place.
      F♯   E   G♯m
When they get back they're all mixed up with no one to stay with.

Interlude

| G♯m | G♯m | F♯ | F♯ | E | E | |
| G♯m | G♯m | G♯m | G♯m | F♯ | E | E ‖ |

Verse 3

    E   G♯m
Eighteen ninety-one,
                        F♯
They roamed around in the forests.
                      E
They made their house from cedars,
                   G♯m
They made their house from stones.
           F♯
Oh, they're a little like you,
               E
And they're a little like me,
      G♯m
We are falling leaves.

Chorus 3

G♯m   F♯
Thought we were de - void,
          E   G♯m
A change or two around this place,
F♯   E   G♯m
This place, this place._____
G♯m   F♯   E
When they get back they're all mixed up
               G♯m
With no one to stay   with.
          F♯   E
When they get back they're all mixed up
              G♯m
With no one to stay with.

Season Of The Witch

Words & Music by Donovan Leitch

A7   D7/F♯   E

Intro | A7 | D7/F♯ | A7 | D7/F♯ |
| A7 | D7/F♯ | A7 | D7/F♯ ‖

Verse 1
    A7   D7/F♯
When I look out my window,
    A7   D7/F♯
Many sights to see.
    A7   D7/F♯
And when I look in my window,
    A7   D7/F♯
So many different people to be
    A7   D7/F♯ A7   D7/F♯
That it's strange,   so strange.
    A7   D7/F♯
You've got to pick up every stitch,
    A7   D7/F♯
You've got to pick up every stitch,
    A7   D7/F♯
You've got to pick up every stitch,
A7   D7/F♯   E   A7
Mmm,   must be the season of the witch.
D7/F♯   E   A7
Must be the season of the witch, yeah.
D7/F♯   E   (A7)
Must be the season of the witch.

Link 1 | A7 | D7/F♯ | A7 | D7/F♯ ‖

© Copyright 1966 Donovan (Music) Limited.
All Rights Reserved. International Copyright Secured.

Verse 2
    A7   **D7/F♯**
    When I look over my shoulder,
    A7   **D7/F♯**
    What do you think I see?
    A7   **D7/F♯**
    Some other cat looking over
    A7   **D7/F♯**
    His shoulder at me
    A7   **D7/F♯** **A7**   **D7/F♯**
    And he's strange,   sure he's strange.
    A7   **D7/F♯**
    You've got to pick up every stitch,
    A7   **D7/F♯**
    You've got to pick up every stitch, yeah,
    A7   **D7/F♯**
    Beatniks are out to make it rich,
    A7   **D7/F♯**   **E**   **A7**
    Oh no,   must be the season of the witch.
    D7/F♯   **E**   **A7**
    Must be the season of the witch, yeah.
    D7/F♯   **E**   **(A7)**
    Must be the season of the witch.

Link 2   ‖: **A7** | **D7/F♯** | **A7** | **D7/F♯** :‖ *Play 3 times*

Verse 3
    A7   **D7/F♯**
    You've got to pick up every stitch,
    A7   **D7/F♯**
    The rabbit's running in the ditch,
    A7   **D7/F♯**
    Beatniks are out to make it rich,
    A7   **D7/F♯**   **E**   **A7**
    Oh no,   must be the season of the witch.
    D7/F♯   **E**   **A7**
    Must be the season of the witch.
    D7/F♯   **E**   **(A7)**
    Must be the season of the witch.

Link 3 | A7 | D7/F♯ | A7 | D7/F♯ |
                       When I look.

| A7 | D7/F♯ ‖

Verse 4
A7   D7/F♯
When I look out my window,
A7   D7/F♯
What do you think I see?
A7   D7/F♯
And when I look in my window,
A7   D7/F♯
So many diffe - rent people to be
A7   D7/F♯ A7   D7/F♯
It's strange,   sure is strange.
A7   D7/F♯
You've got to pick up every   stitch,
A7   D7/F♯
You've got to pick up every stitch,
A7   D7/F♯
The rabbit's running in the ditch,
A7   D7/F♯   E   A7
Oh no, must be the season of the witch.
D7/F♯   E   A7
Must be the season of the witch, yeah.
D7/F♯   E   (A7)
Must be the season of the witch.

Outro | A7 | D7/F♯ | A7 | D7/F♯ |
                  When I look.   When I

| A7 | D7/F♯ | A7 ‖
 look.

Summertime Blues

Words & Music by Eddie Cochran & Jerry Capehart

Intro | E(root) | E(root) ‖: E A | B7 E :‖

Verse 1
       E(root)
Well I'm gonna raise a fuss,
                  E A B7 E
And I'm gonna raise a holler.
   E(root)
About workin' all summer,
                E A B7 E
Just to try to earn a dollar.
 A
Well I try to call my baby,
           E (N.C)
Try to get a date, my boss says,

"No, dice, son,

You gotta work late."
A
Sometimes I wonder

What I'm-a gonnna do,
  E (N.C)
But there ain't no cure
              | E(root) | E(root) ‖: E A | B7 E :‖
For the summertime blues.

© Copyright 1958 American Music Inc.
Chester Music Limited trading as Campbell Connelly & Co.
All Rights Reserved. International Copyright Secured.

Verse 2

      E(root)
Well, my mom and papa told me
                    E A B7 E
"Son, you gotta make some money.
E(root)
If you wanna use the car to go
          E A B7 E
Ridin' next Sunday."
A
Well, I didn't go to work,

I told my boss I was sick,
E (N.C)
"But you can't use the car

'Cause you didn't work a lick."
A
Sometimes I wonder
A
What I'm-a gonnna do,
E (N.C)
But there ain't no cure
        | **E(root)** | **E(root)** ‖: **E A** | **B7 E** :‖
For the summertime blues.

Verse 3

        E(root)
I'm gonna take two weeks,
                     E A B7 E
Gonna have a fine vacation,
    E(root)
I'm gonna take my problem
              E A B7 E
To the United Nations.
A
Well, I called my congressman,

And he said, quote,
  E (N.C)
"I'd like to help you, son,

But you're too young to vote."
A
Sometimes I wonder

What I'm-a gonnna do,
     E (N.C)
But there ain't no cure
            | **E(root)** | **E(root)** ||
For the summertime blues.

Outro ||: **E A** | **B7 E** :|| *Play 5 times*

Sex On Fire

Words & Music by Caleb Followill, Nathan Followill,
Jared Followill & Matthew Followill

E C#m A

Intro

|: E | E | E | E |
| C#m | C#m | C#m | C#m :|

Verse 1

(C#m)   E
Lay where you're laying, don't make a sound,
          C#m
I know they're watching, they're watching.
         E
All the com - motion, the kiddie-like play,
    C#m
Has people talking, talking.

Chorus 1

E   C#m A
You, your sex is on fire.

Verse 2

(A)   E
The dark of the alley, the breaking of day,
         C#m
The head while I'm driving, I'm driving.
        E
Soft lips are open, the knuckles are pale,
      C#m   A
Feels like you're dying, you're dying.

Chorus 2

E   C#m A
You, your sex is on fire,
E   C#m A
Con - sumed with what's to trans - pire.

© Copyright 2008 Martha Street Music/Followill Music/McFearless Music/
Coffee Tea Or Me Publishing/Bug Music-Music Of Windswept/Songs Of Southside Independent Music Publishing.
Warner/Chappell Music Limited/Bug Music (Windswept Account)/Bug Music Ltd.
All Rights Reserved. International Copyright Secured.

Verse 3
        (A)   **E**
Hot as a fever, rattling bones,
      C♯m
I can just taste it, taste it.
          E
If it's not for - ever, if it's just tonight,
        C♯m   **A**
Oh, it's still the greatest, the greatest, the greatest.

Chorus 3
E   **C♯m** **A**
You, your sex is on fire.
     E   **C♯m**
And you, your sex is on fire,
      E   **C♯m** **A**
Con - sumed with what's to trans - pire.

Chorus 4
E   **C♯m** **A**
And you, your sex is on fire,
      E   **C♯m** **A** **E**
Con - sumed with what's to trans - pire.

Shakin' All Over

Words & Music by Johnny Kidd

Em   Am   B7

Intro | Em | Em | Em | Em ‖

Verse 1
Em
When you move in right up close to me

That's when I get the shakes all over me.

Chorus 1
                    Am
Quivers down my backbone
        Em
I got the shakes down my knee bone
      Am
Yeah, the tremors in my thigh bone
Em
Shakin' all over.

| Em | Em | Em | Em ‖

Verse 2
Em
Just the way that you say goodnight to me

Brings that feelin' on inside of me.

© Copyright 1960 (Renewed 1988) EMI April Music Inc.
All Rights outside the U.S. Controlled and Administered by EMI Mills Music Ltd.
All Rights Reserved. International Copyright Secured.

Chorus 2
                 Am
Quivers down my backbone
  Em
I got the shakes down my thigh bone
        Am
Yeah, the tremors in my back bone
Em
Shakin' all over.

Instrumental | Em | Em | Em | Em |
| Am | Am | Em | Em |
| B7 | Am | Em | Em | Em |

Chorus 3
              Am
Quivers down the backbone
  Em
Yeah, the shakes in the knee bone
     Am
I got the tremors in the thigh bone
Em
Shakin' all over.

| Em | Em |

Outro
Em
Well, you make me shake and I like it, baby

Well, make me shake and I like it, baby

Well, shake, shake, shake.

She Moved Through The Fair

Traditional

A   D   G

Intro | A ‖

Verse 1
   A **D**   **A**   **G**   **A**
My true love said to me my   mother won't mind,
                                    G   **A**
And my father won't slight you for your lack of kind.
                           G   **A**
And she laid her hand on me and this she did say,
    D   **A**   **G**   **A**
Oh,___ it will not be long, love till our wed - ding day.

Verse 2
   A **D**   **A**   **G**   **A**
She___ stepped away from me and she moved through the fair,
                           G   **A**
And so fondly I watched her move here and move there.
                              G   **A**
And she made her way homeward with one star a - wake,
   D   **A**   **G**   **A**
As___ the swan in the evening moves over the lake.

Link | A | A | A ‖

Verse 3
   A **D**   **A**   **G**   **A**
Last___ night she came to me, my___ dead love came in,
                         G   **A**
And so softly moved she that her feet made no din.
                           G   **A**
And she laid her hand on me and this she did say,
    D   **A**   **G**   **A**
Oh,___ it will not be long, love till our wed - ding day.

© 2014 Dorsey Brothers Music Limited.
All Rights Reserved. International Copyright Secured.

She Said

Words & Music by Eric Appapoulay, Tom Goss,
Richard Cassell & Benjamin Drew

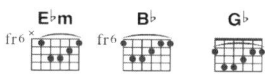

Intro | E♭m | E♭m | E♭m | E♭m ||

Verse 1
E♭m
She said, "I love you boy, I love you so."
                                                           B♭
She said, "I love you baby oh, oh, oh, oh, oh."
E♭m
  She said, "I love you more than words can say."
                                                    B♭
She said, "I love you bay - ay - ay - ay - by."

Link 1 | E♭m | E♭m | E♭m | E♭m ||

Verse 2
E♭m
  So I said, "What you sayin' girl, it can't be right,
B♭
  How can you be in love with me?

We only just met tonight."
E♭m
  So she said, "Boy, I loved you from the start,
B♭
  When I first heard 'Love Goes Down',

Something started burning in my heart."
G♭   B♭
I said, "Stop this crazy talk,
G♭   B♭
And leave right now and close the door."

© Copyright 2010 Plan B Enterprises Ltd.
Sony/ATV Music Publishing/Universal Music Publishing PGM Limited.
All Rights Reserved. International Copyright Secured.

cont.

       E♭m
She said, "But I love you boy, I love you so."
                                      B♭
She said, "I love you baby oh, oh, oh, oh,   oh."
E♭m
   She said, "I love you more than words can say."
                                     B♭
   She said, "I love you bay - ay - ay - ay - by."

Yes she did.

Rap

E♭m
   So now I'm up in the courts

Pleading my case from the witness box,

Telling the judge and the jury

The same thing that I said to the cops.
B♭
   On the day that I got arrested

"I'm innocent." I protested,

She just feels rejected,

Had her heart broken by someone she's obsessed with.
E♭m
   'Cause she likes the sound of my music,

Which makes her a fan of my music.

'S'why 'Love Goes Down' makes her lose it,

'Cause she can't seperate the man from the music.
B♭
   And I'm saying all this in the stand,

While my girl cries tears from the gallery.

This has got bigger than I ever could have planned,

Like that song by The Zutons, 'Valerie'.
G♭
   'Cept the jury don't look like they're buying it,

This is making me nervous.

cont.

    B♭
      Arms crossed, screwed faced like I'm trying it,

Their eyes fixed on me like I'm murderous,
G♭
  They wanna lock me up

And throw away the key.
B♭
  They wanna send me down,

Even though I told them she...

Link 2 | **E♭m** | **E♭m** | **E♭m** | **E♭m** ||

Verse 3

E♭m
She said, "I love you boy, I love you so."
                                    B♭
She said, "I love you baby oh, oh, oh, oh,   oh."

Yes she did.
E♭m
  She said, "I love you more than words can say."
                           B♭
She said, "I love you bay - ay - ay - ay - ay - by."
                                                 E♭m
So I said, "Then why the hell you gotta treat me this way?

You don't know what love is,
                        B♭
You wouldn't do this if you   did."
        E♭m
No, no, no, no, oh.

Shelter From The Storm

Words & Music by Bob Dylan

D   A6(add4)/C♯   G/D

⑥ = D   ③ = F♯
⑤ = A   ② = A
④ = D   ① = D

Intro   ‖: D | D | D | D   :‖

Verse 1
D   A6(add4)/C♯ G/D   D
'Twas in another lifetime,   one of toil and blood
                       A6(add4)/C♯   G/D
When blackness was a virtue and the road was full of mud
D   A6(add4)/C♯   G/D
I came in from the wilderness, a creature void of form
           D   A6(add4)/C♯ G/D   (D)
"Come in," she said, "I'll give you   shelter from the storm"

Link 1 | D | A6(add4)/C♯ | G/D | D |
           | D | A6(add4)/C♯ | G/D | D   ‖

Verse 2
D   A6(add4)/C♯G/D   D
And if I pass this way again, you can rest as - sured
                   A6(add4)/C♯   G/D
I'll always do my best for her, on that I give my word
              D   A6(add4)/C♯   G/D
In a world of steel-eyed death, and men who are fighting to be warm
           D   A6(add4)/C♯ G/D   (D)
"Come in," she said, "I'll give you   shelter from the storm"

Link 2 | D | A6(add4)/C♯ | G/D | D   ‖

© 1975 Ram's Horn Music, USA.
All Rights Reserved. International Copyright Secured.

Verse 3

```
      D                          A6(add4)/C#       G/D          D
      Not a word was spoke be - tween us, there was little risk in - volved
                   A6(add4)/C#     G/D
      Everything up to that point had been left unresolved
      D            A6(add4)/C#        G/D
        Try imagin - ing a place where it's always safe and warm
                D             A6(add4)/C# G/D              (D)
      "Come in," she said, "I'll give you     shelter from the storm"
```

Link 3   As Link 1

Verse 4

```
      D                      A6(add4)/C# G/D         D
      I was burned out from ex - haustion,   buried in the hail
                   A6(add4)/C#    G/D
      Poisoned in the bushes an' blown out on the trail
      D              A6(add4)/C#    G/D
        Hunted like a crocodile, ra - vaged in the corn
                D             A6(add4)/C# G/D              (D)
      "Come in," she said, "I'll give you     shelter from the storm"
```

Link 4   As Link 1

Verse 5

```
      D        A6(add4)/C#      G/D             D
      Suddenly I turned around and she was standin' there
                   A6(add4)/C#       G/D
      With silver bracelets on her wrists and flowers in her hair
       D                      A6(add4)/C#     G/D
      She walked up to me so gracefully and took my crown of thorns
                D             A6(add4)/C# G/D              (D)
      "Come in," she said, "I'll give you     shelter from the storm"
```

Link 5   As Link 1

Verse 6

```
      D                    A6(add4)/C# G/D             D
      Now there's a wall be - tween us,   somethin' there's been lost
                   A6(add4)/C# G/D
      I took too much for granted,   got my signals crossed
          D             A6(add4)/C#    G/D
      Just to think that it all began on a long-forgotten morn
                D             A6(add4)/C# G/D              (D)
      "Come in," she said, "I'll give you     shelter from the storm"
```

Link 6   As Link 1

Verse 7
      D   **A6(add4)/C♯**   **G/D**   **D**
Well, the deputy walks on hard nails and the preacher rides a mount
                       A6(add4)/C♯   **G/D**
But nothing really matters much, it's doom alone that counts
        D   **A6(add4)/C♯ G/D**
And the one-eyed under - taker, he   blows a futile horn
     D   **A6(add4)/C♯ G/D**   **(D)**
"Come in," she said, "I'll give you   shelter from the storm"

Link 7   As Link 1

Verse 8
    D   **A6(add4)/C♯**   **G/D**   **D**
I've heard newborn babies wailin' like a mournin' dove
                  A6(add4)/C♯ G/D
And old men with broken teeth stranded without love
     D   **A6(add4)/C♯**   **G/D**
Do I understand your question, man, is it hopeless and forlorn?
     D   **A6(add4)/C♯ G/D**   **(D)**
"Come in," she said, "I'll give you   shelter from the storm"

Link 8   As Link 1

Verse 9
   D   **A6(add4)/C♯ G/D**   **D**
In a little hilltop village, they gambled for my clothes
                A6(add4)/C♯   **G/D**
I bargained for sal - vation an' they gave me a lethal dose
 D   **A6(add4)/C♯**   **G/D**
I offered up my innocence and got repaid with scorn
     D   **A6(add4)/C♯ G/D**   **(D)**
"Come in," she said, "I'll give you   shelter from the storm"

Link 9   As Link 1

Verse 10
     D   A⁶(add4)/C♯ G/D   D
Well, I'm livin' in a foreign country but I'm bound to cross the line
       A⁶(add4)/C♯   G/D
Beauty walks a razor's edge, some - day I'll make it mine
    D   A⁶(add4)/C♯   G/D
If I could only turn back the clock to when God and her were born
   D   A⁶(add4)/C♯ G/D   (D)
"Come in," she said, "I'll give you shelter from the storm"

Outro

D	A⁶(add4)/C♯	G/D	D	
A⁶(add4)/C♯	G/D	G/D		
D	A⁶(add4)/C♯	G/D	G/D	
D	A⁶(add4)/C♯	G/D	G/D	
D	A⁶(add4)/C♯	G/D	D	
D	A⁶(add4)/C♯	G/D	G/D	
D	A⁶(add4)/C♯	G/D	G/D	
D	A⁶(add4)/C♯	G/D	G/D	
D	A⁶(add4)/C♯	G/D	G/D	D

Sit Down

Words & Music by Tim Booth, Jim Glennie, Larry Gott & Gavan Whelan

G   C   D

Intro   ‖: G | G | C | D   :‖

Verse 1
       G   C   D
I'll sing myself to sleep, a song from the darkest hour.
       G   C   D
Secrets I can't keep inside all the day.
       G   C   D
Swing from high to deep, extremes of sweet and sour.
       G   C   D
Hope that God exists, I hope, I pray.

Bridge
      G
Drawn by the undertow,
  C   D
My life is out of control.
      G   C
I believe this wave will bear my weight,
      D
So let it flow.

Chorus 1
       G
Oh sit down, oh sit down, oh sit down,
C   D
Sit down next to me.
     G
Sit down, down, down, down,
  C   D
Down in sympathy.

Instrumental   ‖: G | G | C | D   :‖

© Copyright 1989 Stage Three Music Publishing Limited/
Blue Mountain Music Limited.
All Rights Reserved. International Copyright Secured.

Verse 2

      G   C   D
Now I'm relieved to hear that you've been to some far out places.
 G   C   D
It's hard to carry on when you feel all alone.
G   C   D
Now I've swung back down again it's worse than it was before.
   G   C   D
If I hadn't seen such riches I could live with being poor.

Chorus 2   As Chorus 1

Link | G | G | G | G ||

Middle

G   (C)   (D)
Those who feel the breath of sadness, sit down next to me.
G   (C)   (D)
Those who find they're touched by madness, sit down next to me.
G   (C)   (D)
Those who find themselves ridiculous, sit down next to me.
 G
In love, in fear, in hate, in tears,
 C   D
In love, in fear, in hate, in tears,
 G
In love, in fear, in hate, in tears,
 C   D
In love, in fear, in hate.
G | G | C | D |
Down.
G | G | C | D ||
Down.

Chorus 3   As Chorus 1

Chorus 4

      G
Oh sit down, oh sit down, oh sit down,
C   D
Sit down next to me.
    G
Sit down, down, down, down,
 C   D
Down in sympathy.
G
Down.

Surfin' U.S.A.

Words by Brian Wilson
Music by Chuck Berry

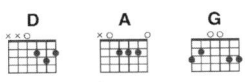

Capo first fret

Intro | D |

Verse 1
N.C.   **A**
If everybody had an ocean,
N.C.   **D**
Across the U. S. A.
N.C.   **A**
Then everybody'd be surfin',
N.C.   **D**
Like Californi-a.
N.C.   **G**
You'd seem 'em wearing their baggies,
N.C.   **D**
Huarachi sandals too.
N.C.   **A**   **G**
A bushy bushy blonde hairdo,
N.C.   **D**
Surfin' U. S. A.

Verse 2
                              A
You'll catch 'em surfin' at Del Mar,
              D
Ventura County line.
       A
Santa Cruz and Trestle,
            D
Australia's Narrabeen.
           G
All over Man - hattan,
            D
And down Doheny Way.
                   A   **G**
Everybody's gone surfin',
N.C.   **D**
Surfin' U.S.A.

© Copyright 1963 Arc Music Corporation, USA.
Jewel Music Publishing Company Limited.
All Rights Reserved. International Copyright Secured.

Verse 3

                              A
We'll all be planning out a route,
N.C.   **D**
We're gonna take real soon.
N.C.   **A**
We're waxing down our surfboards,
N.C.   **D**
We can't wait for June.
N.C.   **G**
We'll all be gone for the summer,
N.C.   **D**
We're on safari to stay.
N.C.   **A**   **G**
Tell the teacher we're surfin',
N.C.   **D**
Surfin' U. S. A.

Verse 4

           A
Haggerties and Swamies,
    D
Pacific Pali - sades.

       A
San Onofre and Sunset,
      D
Redondo Beach L. A.
      G
All over La Jolla,
     D
At Wa'imea Bay.
              A   **G**
Everybody's gone surfin',
N.C.   **D**
Surfin' U.S. A.

Instrumental | **A** | **D** | **A** | **D** |

                   | **G** | **D** |

Outro

                        A   **G**
‖: Everybody's gone surfin',
N.C.   **D**
Surfin' U.S. A.

              A   **G**
Everybody's gone surfin',
N.C.   **D**
Surfin' U.S. A. :‖   *Repeat to fade*

That's Not My Name

Words & Music by Katie White & Jules De Martino

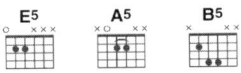

Intro | N.C. | N.C. | N.C. | N.C. ||

Verse 1
E5
Four little words just to get me along,

It's a difficulty and I'm biting on my tongue and I,

I keep stalling, and keeping me together,

People around gotta find something to say now.

A5
Holding back, everyday the same,

Don't wanna be a loner,

Listen to me, oh no.

I never say anything at all,

                                                              B5   **N.C.**
But with nothing to consider they forget my name, ame, ame, ame.

© Copyright 2008 Sony/ATV Music Publishing/
Warner/Chappell Music Publishing Limited.
All Rights Reserved. International Copyright Secured.

Chorus 1
N.C.   **E5**
They call me 'Hell', they call me 'Stacey',

They call me 'Her', they call me 'Jane'.
A5
That's not my name, that's not my name,

That's not my name, that's not my name.
B5   **E5**
They call me 'Quiet Girl', but I'm a riot.

Mary-Jo-Lisa, always the same.
A5
That's not my name, that's not my name,
                          B5
That's not my name, that's not my name.

Verse 2
E5
I miss the catch if they throw me the ball,

I'm the last chick standing up against the wall.

Keep up, falling, these heels they keep me boring,

Getting clammped up and sitting on the fence now.
A5
So alone all the time and I,

Lock myself away,

Listen to me, oh no.

Although I'm dressed up, out and all with,
                          B5   **N.C.**
Everything considered they forget my name, ame, ame, ame.

Chorus 2   As Chorus 1

	E5　　　　　　　　A5　　　　B5
Bridge 1	Are you calling me darling?
	E5　　　　　　　　A5　　B5
	Are you calling me bird?
	E5　　　　　　　　A5　　　　B5
	Are you calling me darling?
	E5　　　　　　　　A5　　B5
	Are you calling me bird?

Chorus 3   As Chorus 1

Chorus 4   As Chorus 1

Chorus 5   As Chorus 1

Vocals ad lib.

Outro   ‖: E5　| E5　| E5　| E5　|

| A5　| A5　| A5　| A5　B5 :‖   *Play 3 times*

Underwater Love

Words & Music by Luiz Bonfa, Nina Miranda & Marc Brown

Chorus 1
F♯m   F♯m(♭6)
This must be under - water love,
F♯m6   F♯m(♭6)
The way I feel it slipping all over me.
F♯m   F♯m(♭6)
This must be under - water love,
F♯m6   F♯m(♭6)
The way I feel it.

Verse 1
F♯m   F♯m(♭6)   F♯m6   F♯m(♭6)
O que que é esse a - mor, d' - água,
           F♯m   F♯m(♭6)   F♯m6   F♯m(♭6)
Deve sen - tir muito pare - cido a esse a - mor.
F♯m   F♯m(♭6)   F♯m6   F♯m(♭6)
This is it, under - water love,
       F♯m   F♯m(♭6)   F♯m6   F♯m(♭6)
It is so deep, so beautifully liquid.
         F♯m   F♯m(♭6)   F♯m6   F♯m(♭6)
Esse a - mor com paixão, ai,
         F♯m   F♯m(♭6)   F♯m6   F♯m(♭6)
Esse a - mor com paixão, ai que coisa.

Bridge 1
F♯m   F♯m(♭6)
After the rain comes sun,
F♯m6   F♯m(♭6)
After the sun comes rain again.
F♯m   F♯m(♭6)
After the rain comes sun,
F♯m6   F♯m(♭6)
After the sun comes rain again.
F♯m   F♯m(♭6)
After the rain comes sun,
F♯m6   F♯m(♭6)
After the sun comes rain again.

© Copyright 1997 Carioca Music.
EMI United Partnership Limited/Imagem London Limited.
All Rights Reserved. International Copyright Secured.

Chorus 2   As Chorus 1

Verse 2
    F♯m   F♯m(♭6)   F♯m6   F♯m(♭6)
  O que que é esse a - mor, d' - água,
    F♯m   F♯m(♭6)   F♯m6   F♯m(♭6)
  Eu sei que eu não quero mais nada.

Interlude 1   ‖: F♯m | F♯m(♭6) | F♯m6 | F♯m(♭6) :‖

Link 1
N.C.
Follow me now

To a place you only dreamt of before I came along.

Verse 3
F♯m   F♯m(♭6)
  When I first saw you I was deep in clear blue water,
F♯m6   F♯m(♭6)
  The sun was shining, calling me to come and see you.
F♯m   F♯m(♭6)
  I touched your soft skin and you jumped in
      F♯m6   F♯m(♭6)
With your eyes closed and a smile upon your face.
    F♯m   F♯m(♭6)
Você vem, você vai, você vem e cai
  F♯m6   F♯m(♭6)   F♯m
E vem aqui pra cá porque eu quero te beijar na sua boca
        F♯m(♭6)
Que coisa louca
F♯m6
Vem aqui pra cá
   F♯m(♭6)   F♯m
Por - que eu quero te beijar na sua boca
  F♯m(♭6)   F♯m6   F♯m(♭6)
Ai que boca go - stosa.

Bridge 2

F♯m   F♯m(♭6)
After the rain comes sun,
F♯m6   F♯m(♭6)
After the sun comes rain again.
F♯m   F♯m(♭6)
After the rain comes sun,
F♯m6   F♯m(♭6)
After the sun comes rain again.
F♯m   F♯m(♭6)
Cai cai e tudo tudo cai
F♯m6   F♯m(♭6)
Tudo cai pra lá e pra cá
      F♯m
Pra lá e pra cá
   F♯m(♭6)
E vamos nadar
    F♯m6   F♯m(♭6)
Y vamos nadar e tudo tudo dá.

Interlude 2   ‖: F♯m | F♯m(♭6) | F♯m6 | F♯m(♭6) :‖   *Play 3 times*

Chorus 3

N.C.
This must be underwater love,

The way I feel it slipping all over me.

This must be underwater love,

The way I feel it. Oh, oh, oh, oh yeah.

Outro   ‖: F♯m | F♯m(♭6) | F♯m6 | F♯m(♭6) :‖   *Repeat ad lib. to fade*

These Boots Are Made For Walking

Words & Music by Lee Hazlewood

E   A   G

| Intro | |E |E |E |E |E |E |E |E ‖

Verse 1
    E
You keep saying you've got something for me.

Something you call love, but confess.
    A
You've been messin' where you shouldn't have been a messin'
         E
And now someone else is gettin' all your best.

Chorus 1
      G   **E**   **G**   **E**
These boots are made for walking, and that's just what they'll do
G   **E**   **N.C.**
One of these days these boots are gonna walk all over (you).

Link 1 |E |E |E |E |E |E |E |E
you.   Yeah!

Verse 2
    E
You keep lying, when you oughta be truthin'

And you keep losin' when you oughta not bet.
    A
You keep samin' when you oughta be a-changin'.
        E
Now what's right is right, but you ain't been right yet.

© Copyright 1965 & 1966 Criterion Music Corporation.
Universal Music Publishing Limited.
All Rights Reserved. International Copyright Secured.

	G E G E
Chorus 2	These boots are made for walking, and that's just what they'll do
	G E N.C.
	One of these days these boots are gonna walk all over (you).

Link 2 |E |E |E |E |E |E |E |E |
you.

Verse 3
E
You keep playin' where you shouldn't be playin'

And you keep thinkin' that you'll never get burnt, ha!
A
I just found me a brand new box of matches,
E
And what he knows you ain't had time to learn.

	G E G E
Chorus 3	These boots are made for walking, and that's just what they'll do
	G E N.C.
	One of these days these boots are gonna walk all over (you).

Link 3 |E |E |E |E |
you.
E
  Are you ready boots? Start walkin'!

Outro ‖: E |E |E |E   :‖   *Repeat to fade*

This Ole House

Words & Music by Stuart Hamblen

A7   D   G

Intro | A7 | A7 | A7 | D ||

Verse 1
       D
This ole house once knew his children,
 G
This ole house once knew his wife,
 A7
This ole house was home and comfort,
D   **G**   **D**
As they fought the storms of life.

This ole house once rang with laughter,
 G
This ole house heard many shouts,
 A7
Now he trembles in the darkness,
                     D
When the lightning walks about.

Chorus 1
         G
Ain't a-gonna need this house no longer,
         D
Ain't a-gonna need this house no more,
 A7
Ain't got time to fix the shingles,
 D
Ain't got time to fix the floor.
 G
Ain't got time to oil the hinges,
 D
Nor to mend no windowpanes,
       A7
Ain't a-gonna need this house no longer,
                    D
He's a-getting ready to meet his fate.

© Copyright 1954 Hamblen Music Company, USA.
Universal/MCA Music Limited.
All Rights Reserved. International Copyright Secured.

Verse 2

      D
This ole house is a-getting shaky,
      G
This ole house is a-getting old,
    A7
This ole house lets in the rain,
D   **G**   **D**
This ole house lets in the cold.

Oh, his knees are a-getting chilly,
  G
But he feels no fear nor pain,
   A7
'Cause he seeks a new tomorrow,
            D
Through a golden windowpane.

Chorus 2   As Chorus 1

Verse 3

    D
This ole house is afraid of thunder,
    G
This ole house is afraid of storms,
   A7
This ole house just groans and trembles,
   D   **G**   **D**
When the night wind flings its arms.

This ole house is a-getting feeble,
  G
This ole house is a-needing paint,
  A7
Just like him it's tuckered out.
          D
He's a-getting ready to meet his fate.

Chorus 3   As Chorus 1

Three Little Birds

Words & Music by Bob Marley

A   D   E

Intro | A | A | A | A ||

Chorus 1
      A
Don't worry about a thing,
  D   A
'Cause every little thing gonna be all right.

Singin' don't worry about a thing,
  D   A
'Cause every little thing gonna be all right!

Verse 1
      A
Rise up this mornin',
        E
Smiled with the risin' sun,
     A
Three little birds
    D
Pitch by my doorstep
   A
Singin' sweet songs
   E
Of melodies pure and true,
  D   A
Sayin', "This is my message to you-ou-ou:"

Chorus 2
     A
Singin' don't worry 'bout a thing,
  D   A
'Cause every little thing gonna be all right.

Singin' don't worry (don't worry) 'bout a thing,
  D   A
'Cause every little thing gonna be all right!

© Copyright 1977 Fifty-Six Hope Road Music Limited/
Blackwell Fuller Music Publishing LLC.
Blue Mountain Music Limited.
All Rights Reserved. International Copyright Secured.

| | **A**
Verse 2 | Rise up this mornin',
| | **E**
| | Smiled with the risin' sun,
| | **A**
| | Three little birds
| | **D**
| | Pitch by my doorstep
| | **A**
| | Singin' sweet songs
| | **E**
| | Of melodies pure and true,
| | **D** **A**
| | Sayin', "This is my message to you-ou-ou:"

         A
Chorus 3   𝄆 Singin' don't worry about a thing, worry about a thing, oh!
D   **A**
Every little thing gonna be all right, don't worry!

Singin' don't worry about a thing, I won't worry!
D   **A**
'Cause every little thing gonna be all right. 𝄇 *Repeat to fade*

To Ohio

Words & Music by Benjamin Knox Miller, Jeffrey Prystowsky & Jocelyn Adams

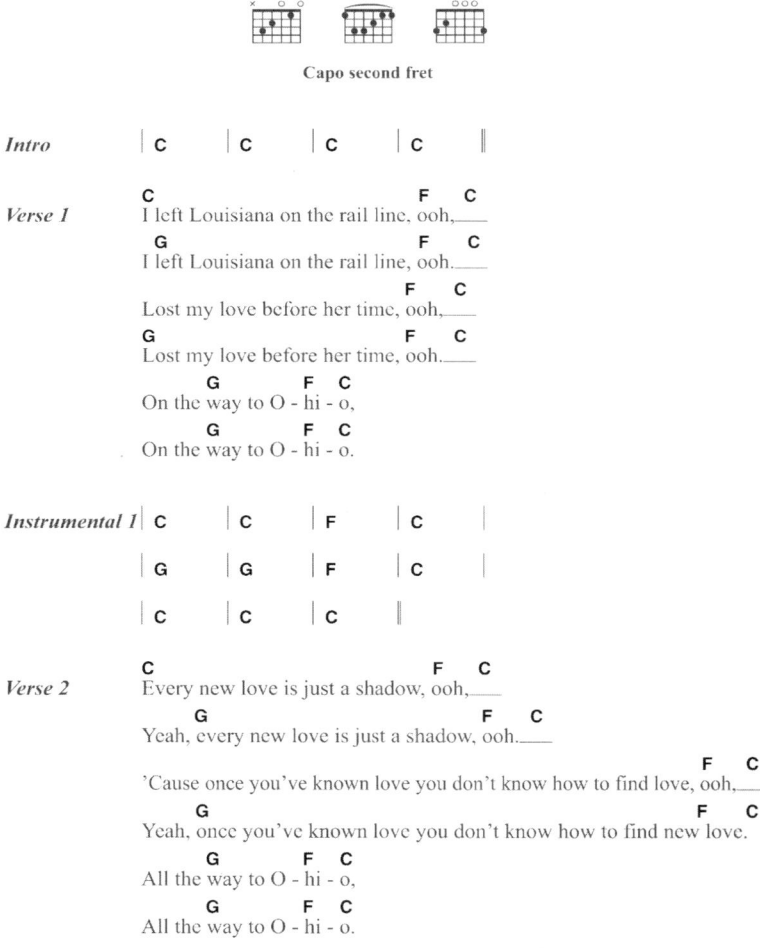

Capo second fret

Intro | C | C | C | C ||

Verse 1
```
          C                       F   C
          I left Louisiana on the rail line, ooh,____
            G                     F   C
          I left Louisiana on the rail line, ooh.____
                                  F   C
          Lost my love before her time, ooh,____
          G                       F   C
          Lost my love before her time, ooh.____
            G         F   C
          On the way to O - hi - o,
            G         F   C
          On the way to O - hi - o.
```

Instrumental 1 | C | C | F | C |
| G | G | F | C |
| C | C | C ||

Verse 2
```
          C                         F   C
          Every new love is just a shadow, ooh,____
              G                            F   C
          Yeah, every new love is just a shadow, ooh.____
                                                            F   C
          'Cause once you've known love you don't know how to find love, ooh,____
              G                                              F   C
          Yeah, once you've known love you don't know how to find new love.
            G         F   C
          All the way to O - hi - o,
            G         F   C
          All the way to O - hi - o.
```

© Copyright 2008 Art Boat Publishing, USA.
Chrysalis Music Limited.
All Rights Reserved. International Copyright Secured.

Instrumental 2 | C | C | F | C |
| G | G | F | C |
| C F | C | C ||

Verse 3
   C   F C
Heard her voice come through the pines of O - hi - o,
 G   F C
I heard her voice singing in the pines of O - hi - o.
              F C
Singing bless your soul, you crossed that line to O - hi - o,
 G   F C
Yeah, bless your soul, you crossed that line to O - hi - o.
   G   F C
All the way to O - hi - o,
   G   F C
All the way to O - hi - o,
   G   F C
All the way to O - hi - o,
   G   F C
All the way to O - hi - o.

Two Tickets To Paradise

Words & Music by James Lyon & Eddie Money

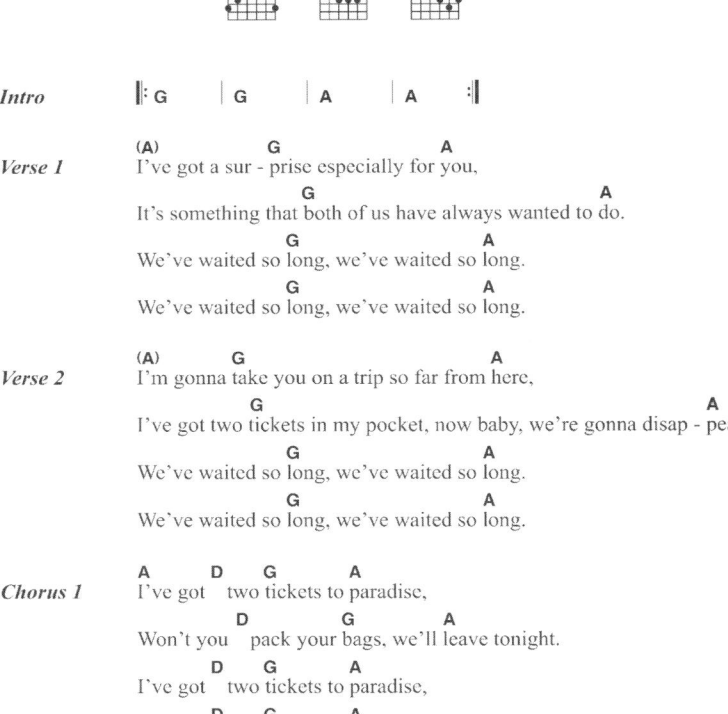

Intro   ‖: G | G | A | A   :‖

Verse 1
    (A)   G   A
I've got a sur - prise especially for you,
                  G   A
It's something that both of us have always wanted to do.
              G   A
We've waited so long, we've waited so long.
              G   A
We've waited so long, we've waited so long.

Verse 2
    (A)   G   A
I'm gonna take you on a trip so far from here,
              G   A
I've got two tickets in my pocket, now baby, we're gonna disap - pear.
              G   A
We've waited so long, we've waited so long.
              G   A
We've waited so long, we've waited so long.

Chorus 1
    A   D   G   A
I've got   two tickets to paradise,
             D   G   A
Won't you   pack your bags, we'll leave tonight.
       D   G   A
I've got   two tickets to paradise,
       D   G   A
I've got   two tickets to paradise.

© Copyright 1977 Three Wise Boys Music LLC.
Chester Music Limited trading as Campbell Connelly & Co.
All Rights Reserved. International Copyright Secured.

	**‖: G	G	A	A :‖** *Play 8 times*

Instrumental ‖: G | G | A | A   :‖ *Play 8 times*

Bridge

(A)   G   A
Oh, oh, ooh, oh, ooh, oh, ooh, oh, ooh, oh, ooh, oh.
              G   A
Oh, oh, ooh, oh, ooh, oh, ooh, oh, ooh, oh, ooh, oh.

Verse 3

(A)   G   A
I'm gonna take you on a trip so far from here,
        G   A
I've got two tickets in my pocket, baby, we'll disap - pear.
            G   A
We've waited so long, we've waited so long.
            G   A
We've waited so long, we've waited so long.

Chorus 2

A   D   G   A
I've got   two tickets to paradise,
           D   G   A
Won't you   pack your bags, we'll leave tonight.
       D   G   A
I've got   two tickets to paradise,
           D   G   A
Won't you   pack your bags, we'll leave tonight.
       D   G   A
I've got   two tickets to paradise,
           D   G   A
Won't you   pack your bags, we'll leave tonight.
       D   G   A
I've got   two tickets to paradise,
       D   G   A
I've got   two tickets to paradise.

Way Down In The Hole

Words & Music by Tom Waits

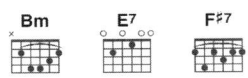

Intro   ‖: Bm | Bm | Bm | Bm :‖

Verse 1

    N.C.   **Bm**
When you walk through the garden,

You got to watch your back.
         E7
Well I beg your pardon,
                    Bm
Walk the straight and narrow track.

If you walk with Jesus,
                 E7
He's gonna save your soul,
           Bm   **F#7**
You got to keep the devil,
           Bm
Way down in the hole.

Verse 2

    N.C.   **Bm**
He's got the fire and the fury,

At his command,
                E7
Well you don't have to worry,
       Bm
If you hold on to Jesus' hand.

We'll all be safe from Satan,
              E7
When the thunder rolls,
              Bm **F#7**
We just got to keep the devil,
       Bm
Way down in the hole.

© Copyright 1987 Jalma Music Incorporated, USA.
Universal Music Publishing MGB Limited.
All Rights Reserved. International Copyright Secured.

Guitar solo

Bm	Bm	Bm	Bm
E7	E7	Bm	Bm
Bm	Bm	Bm	E7
Bm	F♯7	Bm	Bm

Verse 3

N.C.   **Bm**
All the angels sing,

About Jesus' mighty sword.
        E7
And they'll shield you with their wings,
            Bm
And keep you close to the Lord.

Don't pay heed to temptation,
       E7
For His hands are so cold,
              Bm   **F♯7**
You got to help me keep the devil,
     Bm
Way down in the hole.

Chorus

N.C.   **Bm**
Down in the hole.
E7
Down in the hole, yeah.
Bm
Down in the hole, yeah.
E7
Down in the hole.

Down in the hole.

Down in the hole.
                Bm   **F♯7**
You got to help me keep the devil,
    Bm
Down in the hole.

Guitar solo	| Bm	| Bm	| Bm	| Bm	|
	| E7	| E7	| Bm	| Bm	|
	| Bm	| Bm	| Bm	| E7	|
	| Bm	| F♯7	| Bm	| Bm	‖

Outro
Bm
Ooh. Ooh.   *To fade*

Woke Up This Morning (Theme from 'The Sopranos')

Words & Music by Robert Spragg, Jake Black, Piers Marsh,
Simon Edwards & Chester Burnett

Capo first fret

Intro

Em
Gonna take you down,
A/E   **Em7** **A/E**
Deep down to the front line.

Verse 1

Em   **A/E**
You woke up this morning, got yourself a gun,
Em7   **A/E**
Your mama always said you'd be the   chosen one.
          Em   **A/E**
She said,   "You're one in a million, you've got to   burn to shine."
                  Em7   **A/E**
But you were born   under a bad sign with a blue moon in your eyes.

Verse 2

(A/E) Em   **A/E**
When you   woke up this morning all that love has gone,
Em7   **A/E**
Your papa never told you about   right and wrong.
Em
But you're looking good, baby,
      A/E
I be - lieve that you're feeling fine, shame about it,
Em7   **A/E**
Born under a bad sign with a blue moon in your eyes.

So sing it now.

Chorus 1

    Em   **A/E**
(Woke up this morning,) you got a blue moon,
                     Em7
(Got a blue moon in your eyes.)
      A/E
So sad it,   God damn, a God damn shame about it.
Em   **A/E**
(Woke up this morning,) you got a blue moon,
                  Em7   **A/E**
Got a blue moon in your eyes.

Verse 3

A/E   **Em**
You see you,   you woke up this morning, the world turned upside down,

Lord above, thing's ain't been the same since the blues walked into town.

But you're, but you're one in a million

'Cause you've got that shotgun shine, shame about it.

Born under a bad sign with a blue moon in your eyes.

Chorus 2

Em   **A/E**
(Woke up this morning,) you got a blue moon,
                     Em7
(Got a blue moon in your eyes.)
      A/E
So sad it,   God damn, a God damn shame about it.
Em   **A/E**
(Woke up this morning,) you got a blue moon,
                  Em7
Got a blue moon in your eyes, yeah.
       A/E
Yeah I know,   you just can't help yourself.

You just can't help yourself.

Link

Em
   You just can't help yourself.

You just can't help yourself.

But I know a man who can, Mr. D. Wayne Love.

Rap
Em
When you woke up this morning everything was gone,
    A/E
By half past ten your head was going ding-dong.
Em7
Ringing like a bell from your head down to your toes,
A/E
Like a voice trying to tell you there was something you should know.
Em
Last night you were flying but today you're so low
    A/E
Ain't it times like these makes you wonder if you'll ever know
    Em7
The meaning of things as they appear to the others,
A/E
Wives, husbands, mothers, fathers, sisters and brothers.
       Em
Don't you wish you didn't function, don't you wish you didn't think
    A/E
Beyond the next pay-check and the next little drink.
    Em7
Well you do, so make up your mind to go on,
    A/E
Because you woke up this morning everything you had was gone.

Chorus 3
Em   **A/E**
  Woke up this morning,
Em7   **A/E**
  Woke up this morning,
Em
  Woke up this morning,
    A/E   **Em7**
You wanna be, you wanna be the chosen one.
            A/E
Yeah you know it,   you just can't help yourself, yeah.

Outro
Em   **A/E**
  Woke up this morning,
Em7   **A/E**
  Woke up this morning,
Em   **A/E**
  Woke up this morning,
              Em7
You got yourself a gun.
              A/E
You got yourself a gun.
              Em
You got yourself a gun.

Werewolves Of London

Words & Music by Waddy Wachtel, Warren Zevon & Leroy Marinell

```
          D         C         G
        x x o     x   o o     o o o
```

| Intro | | D C | G | D C | G | |
| | | D C | G | D C | G | ‖ |

Verse 1
      D   C   G   D
I saw a were - wolf with a Chinese menu in his hand,
                C   G   D
Walking through the streets of Soho in the rain.
         C   G   D
He was looking for the place called Lee Ho Fooks,
        C   G
Gonna get a big dish of beef chow mein.

Chorus 1
D   C   G
Ah - hoo, werewolves of London,
D   C   G
Ah - hoo._____
D   C   G
Ah - hoo, werewolves of London,
D   C   G
Ah - hoo._____

Verse 2
   D   C   G   D
You hear him howling around your kitchen door,
   C   G D
You better not let him in.
     C   G   D
Little old lady got mutilated late last night,
     C   G
Werewolves of London a - gain.

Chorus 2   As Chorus 1

© Copyright 1992 Zevon Music/Tiny Tunes/Leadsheet Land Music/Songs Of Universal Inc.
Universal/MCA Music Limited/Finchley Music Publishing Limited/Warner/Chappell North America Limited.
All Rights Reserved. International Copyright Secured.

Solo
| D C | G | D C | G |
| D C | G | D C | G ‖
(He's the)

Verse 3

(G) D   C   G
He's the hairy handed gent who ran amok in Kent,
D   C   G
Lately he's been overheard in Mayfair.
D   C   G   D
You better stay away from him, he'll rip your lungs out, Jim.
     C   G
Huh, I'd like to meet his tailor.

Chorus 3   As Chorus 1

Verse 4

D   C   G   D
  Well, I saw Lon Chaney walkin' with the Queen,
      C   G   D
Doing the werewolves of London.
   C   G   D
I saw Lon Chaney Jr walkin' with the Queen,
      C   G   D
Doing the werewolves of London.
       C   G   D
I saw a werewolf drinking a Pina Colada at Trader Vic's,
           G
And his hair was perfect.

Outro

D   C   G D C   G
 Ah - hoo,____ werewolves of London.

Draw blood.

D   C   G D C   G   D C G
 Ah - hoo,____ werewolves of London.   *To fade*

Whole Lotta Shakin' Goin' On

Words & Music by David Williams

Intro 　　| C　　| C　　| C　　| C　　||

Verse 1
　　C
Come on over baby, whole lot of shakin' goin' on.
　　　　　　　F7　　　　　　　　　　　C
Yes, I said come on over baby, baby you can't go wrong.
　　　G7　F7　　　　　　　　　C
We ain't fakin', whole lot of shakin' goin' on.

Verse 2
　　C
Well, I said come on over baby, we got chicken in the barn-a.
　　　　F7　　　　　　　　　　　　　　C
Ooh, huh, come on over baby, babe we got the bull by the horn-a.
　　　G7　F7　　　　　　　　　C
We ain't fakin', whole lot of shakin' goin' on.

Chorus 1
　　C
Well, I said shake baby, shake.

I said shake baby, shake.
　　F7
I said shake it baby, shake it.
　　C
I said shake baby, shake.
　　　G7　F7　　　　　　　　　　C
Come on over, whole lot of shakin' goin' on.

Ah, let's go.

Instrumental ||: C　　C　　| C　　C　　|
　　　　　　　　| F7　F7　| C　　C　　|
　　　　　　　　| G7　F7　| C　　C　　:||

Verse 3
    C
Well, I said come on over baby, we got chicken in the barn

Who's barn, what barn? My barn.
F7   **C**
Come on over baby well, we got the bull by the horns.
      G7   **F7**   **C**
We ain't fakin', whole lot of shakin' goin' on.

Chorus 2
    C
Easy now,

Shake it, ah, shake it baby.
      F7   **C**
Yeah,   you can shake it one time for me.
           G7   **F7**   **C**
Well, I said come over baby, whole lot of shakin' goin' on.

Chorus 3
    C
Now let's get real low one time now.

Shake baby, shake.

All you gotta do honey is kinda stand in one spot,
F7
  Wiggle around just a little bit,
C
  That's what you gotta do, yeah.
G7   **F7**   **C**
  Oh baby, whole lotta shakin' goin' on.

Chorus 4
    C
Now let's go one time.

Shake it baby, shake it.

I said shake it baby, shake it.
    F7
Ooh,   shake baby, come on babe.
C
Shake baby, shake it.
      G7   **F7**   **C**
Come on over, whole lot of shakin goin' on.

Wire To Wire

Words & Music by Johnny Borrell

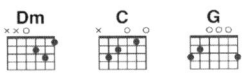

Intro | Dm | Dm | Dm | Dm ||

Verse 1
```
       Dm                  C           G
       What is love but a strangest of feelings?
       Dm                  C                G
          A sin you swallow for the rest of your life?
       Dm                          C              G
       You've been looking for some - one to be - lieve in,
        Dm          C       G        Dm
       To love you un - til your eyes run dry.
```

Verse 2
```
       Dm              C       G
          She lives on disil - lusion row,
       Dm              C         G
          We go where the wild blood flows.
       Dm                C            G
       On our bodies we share the same scar,
       Dm    C     G      Dm
       Love me wherev - er you are.
```

Verse 3
```
       Dm                       C          G
          How do you love with a faith full of rust?
       Dm                  C      G
          How do you turn what was savage tame?
       Dm                          C          G
          You've been looking for some - one you can trust,
       Dm      C    G     Dm
       To love you a - gain and a - gain.
```

© Copyright 2008 Sony/ATV Music Publishing.
All Rights Reserved. International Copyright Secured.

Verse 4

    Dm   **C**   **G**
How do you love in a house without feelings?
    Dm   **C** **G**
How do you turn what was savage tame?
    Dm   **C**   **G**
I've been looking for some - one to be - lieve in,
Dm   **C** **G**   **Dm**
Love me a - gain and a - gain.

Verse 5

    Dm   **C**   **G**
She lives by disil - lusion's glow,
    Dm   **C**   **G**
We go where the wild blood flows.
    Dm   **C**   **G**   **Dm C G**
On our bodies, we share the same scar.

Verse 6

    Dm   **C**   **G**
How do you love on a night without feelings?
    Dm   **C**   **G**
She says, "Love, I hear sound, I see fury."
    Dm   **C**   **G**
She says, "Love's not a hostile con - dition."
Dm   **C**   **G**   **Dm**
Love me wherev - er you are.
      C   **G**   **Dm**
Love me wherev - er you are.
      C   **G**   **Dm**
Love me wherev - er you are,

Wherever you are.

Yakety Yak

Words & Music by Jerry Leiber & Mike Stoller

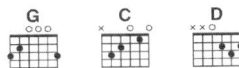

To match original recording, tune guitar very slightly sharp

Verse 1
                     G
Take out the papers and the trash
                       C
Or you don't get no spendin' cash,
                 D
If you don't scrub that kitchen floor
D(N.C.)   G
   You ain't gonna rock and roll no more.
G(N.C.)
Yakety yak. (Don't talk back.)

Verse 2
                 G
Just finish cleanin' up your room,
                     C
Let's see that dust fly with that broom,
               D
Get all that garbage out of sight,
D(N.C.)   G
Or you don't go out Friday night.
G(N.C.)
Yakety yak. (Don't talk back.)

Verse 3
                 G
You just put on your coat and hat,
                       C
And walk yourself to the Laundro - mat,
              D
And when you finish doin' that,
D(N.C.)   G
Bring in the dog and put out the cat.
G(N.C.)
Yakety yak. (Don't talk back.)

© Copyright 1958 Tiger Music Inc.
Administered by Hal Leonard Corporation.
All Rights Reserved. International Copyright Secured.

Saxophone solo

G	G	C	C
D	D	G(N.C.)	(N.C.)
G	G	C	C
D	D	G(N.C.)	

Verse 4

                        G
Don't you give me no dirty looks,

                          C
Your father's hip, he knows what cooks,

                        D
Just tell your hoodlum friend out - side,
D(N.C.)   **G**
You ain't got time to take a ride.

G(N.C.)
Yakety yak. (Don't talk back.)

Outro

          G
Yakety yak, yakety yak.

Yakety yak, yakety yak.

Yakety yak, yakety yak.

Yakety yak, yakety yak.   *To fade*

(Your Love Keeps Lifting Me) Higher And Higher

Words & Music by Carl Smith, Raynard Miner & Gary Jackson

D   G/D   Em/D

Intro

| D | D |
| D | G/D | Em/D | D ||

Verse 1

    D   **G/D**
Your love, lifting me higher
      Em/D   **D**
Than I've ever been lifted be - fore.
                    G/D
So keep it up, quench my de - sire
    Em/D   **D**
And I'll be at your side forever more.

Chorus 1

    D   **G/D**
You know your love keeps on lifting
  Em/D   **D**
High - er, higher and higher.
                G/D
I said your love keeps on
  Em/D   **D**
Lift - ing me higher and higher.

Verse 2

    D   **G/D**
Now once I was down - hearted,
  Em/D   **D**
Disap - pointment was my closest friend.
                         G/D
But then you came and it soon de - parted,
         Em/D   **D**
And you know he never showed his face a - gain.

© Copyright 1967 Mijac Music/Chevis Publishing Corp/
Unichappell Music Inc/Warner-Tamerlane Publishing Co.
EMI Music Publishing Limited/Sony/ATV Music Publishing/
Warner/Chappell North America Limited/Copyright Control.
All Rights Reserved. International Copyright Secured.

Chorus 2
      D   **G/D**
That's why your love keeps on lifting me
        Em/D   **D**
High - er, higher and higher.
                   G/D
I said your love keeps on
Em/D   **D**
Lift - ing me higher and higher.

Instrumental ‖: D | G/D | Em/D | D :‖

Verse 3
D   **G/D**
I'm so glad I've finally found you,
      Em/D   **D**
Yes that one-in-a-million girl.
                       G/D
And I whip my loving arms a - round you,
       Em/D   **D**
Honey, I can stand up and face the world.

Chorus 3
  ‖: **D**   **G/D**
Let me tell you, your love keeps on lifting me
    Em/D   **D**
High - er, higher and higher.
                     G/D
And I said your love keeps on
Em/D   **D**
Lift - ing me higher and higher. :‖   *Repeat ad lib. to fade*